BOOKS BY 1

Merde, It's Not Easy to Learn French
Merde, French is Hard… but Fun!
Merde, I'm in Paris!

Petit déjeuner à Paris
Déjeuner à Paris
Dîner à Paris

Une famille compliquée

Meurtre rue Saint-Jacques
Meurtre avenue des Champs-Élysées
Meurtre à Montmartre

Visit her author page at francedubin.com

Merde, I'm in Paris!

Volume 3

FRANCE DUBIN

Easy French Press

Easy French Press
Austin, Texas
easyfrenchpress.com

ISBN 978-1-6981-4407-8 (paperback)
979-8-9866352-2-4 (e-book)

20220731

INTRODUCTION

As a French teacher at Austin (Texas) Community College Continuing Education, I have taught hundreds of students. Most have two dreams. The first one is to travel to France and speak with the natives. The second one is to read their first novel in French!

Reading a book in French is a true milestone for a student. Unfortunately, it is not an easy task. French novels are usually full of idiomatic expressions. They use complicated tenses, complex sentence structures and often slang.

That is why I decided to write a series of three books in simple French about the joys and the frustrations of a student learning French. This is book three.

Bonne lecture !

CONTENTS

ACKNOWLEDGMENTS

Je voudrais remercier mon mari Joe Dubin, mes enfants Zoë et Sam Dubin, Stuart Cook, Daniel Temianka, Lelia Irby, Alexis Takvorian, Beth Rowan, et tous mes étudiants.

I hope you enjoy this book! I also recommend the companion audiobook version so you can learn how to pronounce this beautiful language correctly. For information on where to buy the audiobook, visit my website at francedubin.com.

Merci beaucoup et bonne lecture !

France Dubin

francedubinauthor@gmail.com
Instagram: @books.in.easy.french

1 JOURNAL INTIME

Dimanche 2 juin

Dans sept jours, je pars à Paris !

J'ai étudié le français pendant six mois avec Madame France. Tous les lundis après-midi, je suis allée dans une salle de classe avec d'autres étudiants pour apprendre le français.

Bien sûr, mon français n'est pas encore parfait. Mais j'ai appris à conjuguer les verbes être, avoir, aller et faire. J'ai aussi appris à conjuguer les verbes parler, chanter et aimer.

J'ai encore tellement de choses à apprendre. Mais j'aime apprendre le français.

Le français, c'est amusant !

Dans la classe, chaque étudiant veut apprendre le français pour différentes raisons. Mark aime les plages de Normandie. Terri a un petit ami français. La fille de John habite en France et celle de Sarah aussi. Jo-Ann aime voyager en France. Janet, qui est récemment divorcée, veut s'offrir un voyage en France. Sandra veut visiter Bordeaux. Et moi, je veux utiliser mon cerveau, apprendre des mots nouveaux et aussi je veux visiter Paris.

J'ai l'impression de connaître beaucoup de mots de vocabulaire français mais c'est toujours difficile d'avoir une conversation simple. C'est très frustrant.

Par exemple hier, je suis allée dans une petite pâtisserie dans ma ville. La boutique s'appelle : Aux Bons Gâteaux. La propriétaire est française alors j'ai voulu commander une tarte au citron en français.

Mais impossible de dire deux mots. J'ai montré le gâteau du doigt et j'ai dit : « ça ».

C'était horrible. J'espère pouvoir dire quelques mots en français pendant mon voyage à Paris !

Pour préparer notre voyage à Paris, Madame France, notre professeure, nous donne rendez-vous dans un café. Tous les jours cette semaine, nous allons parler du voyage avec elle. Je pense que cela va être très utile pour moi parce que je suis un peu stressée.

D'ailleurs, ce soir, c'était notre premier rendez-vous. Vers dix-huit heures quarante, les étudiants de ma classe ont commencé à arriver. D'abord John, puis Jo-Ann, suivie de Terri et Sarah…Et à dix-neuf heures pile, nous avons vu arriver Madame France.

« Bonsoir à tous, a dit madame France. Je suis très contente de vous voir et de partir à Paris avec vous. »

Assis autour de la table, il y avait Terri, Sarah, Jo-Ann, John et moi.

« Nous allons être six pour ce voyage, a dit Madame France. Mark et Janet ne vont pas venir avec nous. Ils ont décidé de partir ensemble en Normandie pour l'anniversaire du débarquement. Sandra, elle, va visiter Bordeaux en juillet. Elle n'a pas assez d'argent pour faire deux voyages en France cette année. »

Dommage, j'aime bien Sandra.

« Tous les soirs de cette semaine, a continué Madame France, à dix-neuf heures nous allons nous rencontrer dans ce café. Nous allons parler de l'organisation de notre voyage et de différentes petites astuces pour rendre le voyage plus agréable pour tout le monde.

— Bonne idée, a dit John.

— Je vais vous donner l'adresse de nos appartements. S'il vous plaît, notez l'adresse dans votre téléphone portable ou sur une petite carte. Si vous vous perdez à Paris, vous pouvez montrer l'adresse à un taxi et il vous ramènera à votre appartement. Nos appartements sont rue de la Roquette dans le onzième arrondissement.

— Quelle est la station de métro la plus proche ? a demandé John.

— Le métro le plus proche est la station Voltaire, a dit Madame France. J'ai loué deux appartements dans le même immeuble avec trois chambres chacun. J'ai pensé au départ réserver six chambres dans un hôtel, mais vivre dans un appartement est bien plus sympathique. Ce sont des appartements typiquement parisiens avec un vieux parquet, des moulures au plafond et une petite cheminée dans le salon. Vous allez adorer ! »

J'adore l'idée de vivre dans un appartement parisien. C'est très chic. Je vais pouvoir imaginer que je suis une vraie Parisienne !

Et pour commencer dès aujourd'hui ma vie de Parisienne, j'ai pris un verre de Côtes-du-Rhône.

« Nous avons beaucoup de chance d'avoir trouvé ces deux appartements dans le même immeuble, dit Madame France. C'est très rare. Mais maintenant je dois vous annoncer qu'il y a une bonne et une mauvaise nouvelle au sujet de ces appartements. Laquelle est-ce que vous voulez connaître en premier ?

— La mauvaise nouvelle ! nous avons tous répondu ensemble.

— La mauvaise nouvelle est que les deux appartements sont au cinquième étage sans ascenseur.

— Cinquième étage sans ascenseur ! a crié Sarah, ce n'est pas humain !

— Cela explique pourquoi les Parisiennes ont de si belles jambes, a dit John. En France, on entre au rez-de-chaussée et on monte au premier étage. Donc pour arriver chez nous, il va falloir monter cinq étages et pas quatre comme aux États-Unis. »

John, ou autrement appelé Monsieur-je-sais-tout, a commencé à m'énerver. Mais je n'ai rien dit et j'ai bu d'un trait la moitié de mon verre de Côtes-du-Rhône.

« Et la bonne nouvelle ? a demandé Terri.

— La bonne nouvelle est qu'il y a une vue superbe sur les toits de Paris !

— Mais on va être trop fatigués pour en profiter, a plaisanté Sarah.

— À Paris, on marche beaucoup, a dit Madame France.

Donc, il faut s'entraîner avant le départ. Tous les jours cette semaine il faut marcher dans votre quartier ! D'accord ? »

Merde ! Je ne savais pas que pour visiter Paris, il fallait un entrainement de sportif !

« En France, je veux que vous parliez en français le plus possible, a dit Madame France.

— Mais c'est très difficile, a dit Sarah. Les Français parlent très vite.

— Et en plus, j'ai ajouté, quand je dois parler en français à quelqu'un, je stresse et j'oublie tout. J'oublie comment poser des questions. J'oublie même les phrases simples comme : Je voudrais une tarte au citron, s'il vous plaît. »

Madame France m'a regardée dans les yeux.

« Helen, je te conseille d'écrire sur une petite carte quelques phrases utiles en français. Tu pourras lire cette carte avant d'entrer dans un magasin ou un restaurant. Ensuite, tu verras, tu n'auras plus besoin de cette carte.

— C'est une bonne idée !

— Très bien, peut-être que ce soir vous pouvez tous travailler sur vos phrases. Rendez-vous demain à dix-neuf heures pour notre deuxième petite réunion de préparation du voyage. »

Le soir, j'ai travaillé sur ma carte.

Traduire en français les phrases suivantes :

1- I would like this cake, please.

_____

2- How do you say 'my dog' in French?

_____

3- How much are these shoes?

_____

4- Where is the subway?

_____

5- I would like a ticket for the Orsay Museum.

_____

6- I just started learning French. Can you speak slower?

_____

7- What is this?

_____

8- Can you show me how it works?

_____

9- Can I try it?

_____

10- Do you speak English?

_____

Lundi 3 juin

Ce matin, j'ai recherché sur internet les choses à emporter pour un voyage à Paris.

Voici la liste :

 Une écharpe ou un foulard : les Français aiment les écharpes. C'est fou !

Une bonne paire de chaussures. Tout le monde est d'accord sur ce point. À Paris, on marche beaucoup.

Un adaptateur pour mes appareils électriques comme mon téléphone portable ou mon sèche-cheveux.

Un portefeuille-ceinture pour cacher mon passeport et mon argent.

Un petit parapluie. Le temps au mois de juin est très variable. Il peut faire beau mais il peut aussi pleuvoir.

Je ne travaille pas aujourd'hui, alors, je suis allée dans un magasin pour acheter une nouvelle paire de chaussures.

« Bonjour Madame, est-ce que je peux vous aider ? m'a demandé le vendeur.

— Oui, merci. Je voudrais de bonnes chaussures parce que je vais beaucoup marcher.

— Pour faire de la randonnée dans les parcs nationaux ?

— Non, pas vraiment. Je vais à Paris.

— Marcher à Paris, c'est plus difficile que marcher dans le Grand Canyon ! Pour les rues de Paris, je vous conseille ces chaussures. Elles ont une semelle épaisse. Elles sont très confortables mais aussi elles ont du style.

— C'est important d'avoir du style ! Je ne veux pas ressembler aux Américains avec leurs chaussures de sport et leurs chaussettes blanches.

— Nous vendons ces chaussures en marron et en noir.

— Parfait ! Je vais acheter une paire en noir. »

De retour à la maison, j'ai vérifié la date de validité de mon passeport pour la quatrième fois. Et j'ai acheté sur internet un adaptateur à prises multiples pour brancher en même temps mon téléphone et mon sèche-cheveux.

Ensuite j'ai fait la sieste.

Après la sieste, j'ai promené mon chien Caramel. Nous avons fait une promenade plus longue que d'habitude. Je me suis entraînée pour mon trek dans les rues de Paris.

Le soir, j'avais de nouveau un rendez-vous avec mon groupe d'étudiants en français. Le café où nous nous rencontrons est très sympathique. Il s'appelle Chez Nous. Il y a un bar et une grande salle décorée avec des affiches de cabarets parisiens comme le Moulin Rouge. Toutes les tables sont recouvertes d'une nappe à carreaux rouges et blancs. J'ai commandé un verre de Bourgogne et je suis allée m'asseoir avec le groupe. Tout le monde était déjà là.

« Bonjour Helen !

— Bonjour tout le monde ! »

Madame France a distribué une feuille de papier à chacun.

« Voici le programme de notre semaine à Paris. »

Dimanche 9 juin

Départ : rendez-vous à l'aéroport à 18 heures avec

9

votre passeport valide

Lundi 10 juin

Arrivée à l'aéroport de Paris à 8 heures du matin
Visite de notre appartement et du quartier
Traversée de Paris en bus
Apéritif sur les bords de la Seine

Mardi 11 juin

Le musée d'Orsay
Tour Montparnasse : vue de tout Paris

Mercredi 12 juin

Le musée de l'Orangerie
Après-midi libre

Jeudi 13 juin

Matinée libre
Visite du Musée Jacquemart-André
Dégustation de fromages

Vendredi 14 juin

Matinée libre
Visite du cimetière du père Lachaise

Samedi 15 juin

Le marché aux puces de la porte de Vanves
Départ vers dix-sept heures pour l'hôtel de l'aéroport
Charles de Gaulle

Dimanche 16 juin

Départ de notre avion à dix heures

Cette semaine à Paris va être fantastique !

Madame France a commencé à lire. « Dimanche 9 juin, nous avons rendez-vous à l'aéroport à 18 heures pile. L'embarquement commence à 19 heures 38 et le décollage est prévu pour 20 heures 15. Bien sûr, avant le départ, assurez-vous que votre passeport est bien valide et rangez-le à côté de votre valise pour ne pas l'oublier. En parlant de la valise, essayez d'apporter une petite valise. N'oubliez pas que l'appartement est au cinquième sans ascenseur !

— Moi, je voudrais prendre un sac à dos. Est-ce que c'est possible ? a demandé John.

— Oui John, c'est possible mais rappelle-toi que nous allons à Paris et pas faire du camping, a dit Sarah en souriant. »

John a haussé les épaules. Madame France a continué.

« En parlant des valises. Si d'habitude vous prenez des médicaments, mettez-en un peu dans la valise et un peu dans votre sac à main ou avec vous. On ne sait jamais.

— Bonne idée, a dit Terri. Je prends des médicaments pour la tension artérielle.

— Et moi pour le cholestérol, a dit Sarah.

— Et moi pour le diabète, a dit Jo-Ann.

— Et moi pour les allergies, a dit John. »

Merde, je vais voyager avec un groupe de malades !

« Je connais une blague, vous voulez l'entendre ? a dit John.

— Oui bien sûr, a répondu madame France.

— C'est un patient qui demande à son médecin : "Docteur, comment est-ce que je peux vivre plus longtemps ?" Le médecin lui répond : "il faut arrêter l'alcool, les cigarettes et le sucre." Le patient dit : "Si j'arrête l'alcool, les cigarettes et le sucre, je vais vivre plus longtemps ?" Alors, le médecin lui répond : "Non mais la vie va vous paraître très longue. " »

Nous avons beaucoup ri. C'est une bonne blague.

« Nous arrivons le lundi 10 juin à Paris, a dit Madame France. L'aéroport s'appelle Roissy Charles de Gaulle. A l'aéroport, nous prendrons un train qui nous emmènera au centre de Paris. Ensuite, nous prendrons le métro jusqu'à la station Voltaire. Nos appartements sont à 5 minutes à pied de la station de métro. Après avoir monté les cinq étages sans ascenseur, nous nous installerons dans nos chambres. Ensuite nous irons déjeuner dans un restaurant à côté de l'appartement. »

J'ai vraiment hâte d'arriver dans mon appartement parisien. Je n'aime pas prendre l'avion. Quand je suis dans un avion, j'ai un peu peur alors je bois du vin et je regarde des films idiots.

« Après le déjeuner, nous allons marcher dans le quartier, a ajouté Madame France. Ensuite nous prendrons un bus qui nous emmènera directement au pied de la tour Eiffel. Et sur le chemin de retour, nous prendrons un apéritif en regardant la Seine. Voilà. Mince, il est dix-neuf heures quarante-cinq, je dois partir un peu tôt aujourd'hui parce que j'ai rendez-vous chez le coiffeur. A demain !

— Au revoir, Madame France. »

Mardi 4 juin

Je travaille dans une boutique pour chiens depuis le mois de janvier. La boutique s'appelle **Hot Dogs**. Nous y vendons tout pour les chiens : de la nourriture, des vêtements, des jouets…

Ce matin, quand j'ai ouvert la boutique, Madame Wilson et son petit caniche blanc Neige m'attendaient sur le trottoir.

« Bonjour Madame Wilson et bonjour Neige. Comment allez-vous aujourd'hui ?

— Nous allons très bien. Et vous ?

— Je vais très bien merci. Que désirez-vous ?

— Je voudrais acheter un petit t-shirt pour Neige.

— Nous en avons de très jolis. Regardez celui-là. Il vient d'arriver. Je l'ai reçu ce matin. Il y a un petit drapeau américain dessus. C'est bientôt le quatre juillet. Il sera parfait.

— Vous avez raison. Je le prends. »

J'adore travailler dans cette boutique. Premièrement,

parce que j'adore les chiens. Deuxièmement, parce que je rencontre des personnes très gentilles comme Madame Wilson. Et troisièmement, parce que je peux parler français avec les chiens. Les chiens adorent quand je leur parle français.

À la maison, je parle aussi français avec mon chien Caramel. Je le dresse en français et en anglais. Je veux lui donner ce que je n'ai jamais eu : une éducation bilingue. Il comprend déjà quelques commandes : assis, reste, au pied, apporte, lâche. Je pense qu'il est très doué pour les langues. Peut-être même est-il plus doué que moi...

Un peu après onze heures, une dame très élégante et son chien de la race pitbull sont entrés dans la boutique.

« Bonjour Madame, comment s'appelle votre chien ?

— Il s'appelle O'Léon.

— C'est un nom très mignon. Qu'est-ce que je peux faire pour vous ?

— Voilà, j'ai quelque chose un peu spécial à vous demander.

— Je vous écoute…

— Je ne sais pas par où commencer… »

La dame était vraiment mal à l'aise. Pour l'encourager, j'ai répété :

« Je vous écoute, madame.

— Très bien. Voilà, mon chien cause beaucoup de problèmes à la maison. Il déchire les coussins du canapé. Il mange les livres. Il fait des trous partout dans le jardin.

— Votre chien a peut-être besoin de plus d'activités physiques ?

— Non, je pense que mon chien fait des bêtises parce qu'il est en colère. Je pense que mon chien est la réincarnation d'un homme célèbre qui était souvent en colère. »

C'était la première fois que j'entendais une histoire comme celle-là.

« Quel homme célèbre ?

— Eh bien, c'est pour cela que je suis dans votre magasin. Une de vos clientes m'a dit que vous parliez français...

— Je parle un peu français.

— Elle m'a dit aussi que vous partiez en France.

— C'est vrai. Je pars dimanche.

— Bien. Voilà, j'ai besoin de vous car je pense que mon chien est la réincarnation de Napoléon.

— Napoléon ? L'empereur Napoléon ?

— Oui !

— Mais comment pouvez-vous dire cela ? »

La dame a caressé la tête de son chien. Il était assis à côté d'elle et semblait écouter la conversation.

« Il y a beaucoup d'indices. Nap O'Léon, mon chien, est né le jour de la mort de Napoléon, le 5 mai. Son plat préféré est le poulet Marengo. C'était aussi celui de l'empereur. Comme Napoléon, mon chien mange très vite. En moins de 4 minutes, sa gamelle est vide. Aussi, O'Léon déteste mon mari. Il lui mange toutes ses chaussures. Et mon mari est anglais ! »

Je pensais que cette liste pouvait s'appliquer à beaucoup de chiens.

« Un jour, dit-elle, je regardais un documentaire sur les jardins en France. O'Léon s'est mis à hurler à la mort. C'était horrible. J'ai arrêté la vidéo pour voir si mon chien n'avait pas la queue coincée quelque part. Mais non, rien. J'ai alors remis le documentaire. Il s'est remis à hurler. J'ai éteint la télévision. Il s'est arrêté de hurler. Et c'est là que j'ai compris…

— Qu'est-ce que vous avez compris ?

— Dans le documentaire, on parlait des jardins du Château de Malmaison, le château de Joséphine, la femme de Napoléon ! O'Léon avait reconnu le château de sa femme adorée. »

Cette femme était folle !

« Mais, qu'est-ce que je peux faire pour vous ?

— Voilà, je sais que vous allez en France bientôt. Cela ferait très plaisir à O'Léon si vous pouviez ramener un petit souvenir du Château de Joséphine. »

J'ai regardé O'Léon. Il remuait maintenant la queue.

« Écoutez, je ne sais pas si j'ai le temps…

— S'il vous plaît… C'est très important. Si je ne trouve pas une solution mon mari va me demander de me débarrasser de mon chien. Mon mari en a ras-le-bol de devoir s'acheter de nouvelles chaussures. »

Elle m'a regardé avec tellement de tristesse dans les yeux que j'ai dit :

« Bon, je vais essayer. Je ne vous promets rien. Je ne pense pas que la visite du château de Joséphine soit à mon programme mais je vais essayer d'y aller. »

La dame m'a prise dans ses bras.

« Merci, merci, merci. »

Et O'Léon m'a léché la main, une sorte de baise-main comme un vrai gentleman.

Ils sont sortis de la boutique ensemble. Est-ce que c'était cette dame qui était folle ou est-ce que c'était moi ? Je venais d'accepter de ramener un souvenir du Château de Malmaison pour une femme qui pensait que son chien était Napoléon...

Je n'ai pas eu le temps de penser à ce qui s'était passé. La porte de la boutique s'est ouverte d'un coup.

« C'est horrible ! »

C'était Madame Patricia Rousseau, la propriétaire de la boutique Hot Dogs. Son nom de famille Rousseau est d'origine française et elle adore la France.

J'étais très étonnée de la voir car elle ne venait jamais dans la boutique.

« C'est horrible ! a-t-elle répété.

— Qu'est-ce qui se passe ? j'ai demandé affolée.

— Ma tante est morte !

— Je suis désolée. Toutes mes condoléances...

— Ma tante a toujours été très gentille avec moi.

— C'est très triste en effet.

17

— Elle avait quatre-vingt-seize ans.

— Quatre-vingt-seize ans ?

— Oui, quatre-vingt-seize ans. C'est elle qui m'avait donné l'argent pour ouvrir cette boutique. Elle adorait les chiens.

— C'est très gentil !

— Ma tante était très riche. »

Madame Rousseau se moucha bruyamment dans son foulard en soie.

« Maintenant qu'elle est morte, j'ai peur de devoir rendre l'argent à ses enfants. Si je dois rembourser l'argent, il va falloir fermer la boutique Hot Dogs. »

Après avoir dit cette phrase inquiétante, Madame Rousseau est partie en me disant « adieux mon amie ! »

La situation était grave.

Ce matin, j'avais rencontré Napoléon et maintenant je risquais de perdre mon travail ! Quelle matinée !

Heureusement, le reste de la journée était plus calme et j'ai pu travailler sur mon français. J'ai révisé les chiffres. J'ai toujours des difficultés avec les chiffres en français.

Écrire ces chiffres en français :

16 = _____

33 = _____

71 = _____

86 = _____

95 = _____

109 = _____

1945 = _____

2022 = _____

371 = _____

118 = _____

A dix-huit heures trente, j'ai fermé la boutique. Et je suis partie pour ma réunion de voyage. Le café était presque vide sauf pour notre petit groupe de voyageurs. J'étais contente de voir tous mes amis.

« Bonjour Helen !

— Bonjour tout le monde ! »

Madame France avait à la main un guide de voyage.

« Je vous conseille de lire ce livre-ci. Il contient beaucoup d'informations intéressantes sur Paris. Ce guide vous donnera des idées pour organiser votre temps libre.

— Moi, j'ai dit, je sais déjà que je vais aller visiter le Château de Malmaison !

— Mais pourquoi ? a demandé John.

— Je te raconterai, c'est une longue histoire... »

Madame France a continué.

« Revenons à nos moutons... Hier nous avons parlé des journées de dimanche et lundi. Donc, parlons maintenant de la journée de mardi 11 juin. Le matin, nous irons au Musée d'Orsay. Le Musée ouvre ses portes à neuf heures trente du matin. Il est ouvert tous les jours sauf le lundi. Après la visite du Musée, nous marcherons jusqu'au quartier latin et nous prendrons le bus trente-huit pour aller de la Place Saint-Michel au jardin du Luxembourg. Nous y mangerons. Ensuite, après une petite promenade dans le parc, nous marcherons jusqu'à la Tour Montparnasse pour une petite surprise. Ensuite, retour à l'appartement pour se reposer. Ceux qui le veulent, peuvent continuer l'exploration de Paris... »

Je pense que moi, je vais rentrer à l'appartement et mettre mes pieds dans de l'eau tiède.

John a levé la main.

« Madame France, vous avez dit 'revenons à nos moutons.' Qu'est-ce que ça veut dire ?

— Bonne question John, a dit Madame France. Ça veut dire : revenons au sujet. C'est une expression idiomatique. »

Trouvez la bonne explication de ces expressions idiomatiques françaises :

1- Être rusé comme un renard	A- bad weather
2- Avoir une faim de loup	B- To be sly as a fox
3- Être bavard comme une pie	C- To be very hungry
4- Être fort comme un bœuf	D- To stand someone up
5- Être fier comme un coq	E- To be strong as an ox
6- Un mouton à cinq pattes.	F- Something very difficult to find
7- Poser un lapin à quelqu'un	G- To be very proud
8- Un temps de chien	H- To be talkative

Mercredi 5 juin

Ce matin, c'était dur de se lever. Je ne voulais pas aller travailler. Je voulais rester la tête sous les couvertures.

Hier, la journée avait été difficile. J'avais d'abord eu comme clients une dame et son chien O'Léon, la réincarnation de Napoléon. Et j'avais promis de leur ramener un souvenir du Château de Joséphine de Beauharnais, l'impératrice de 1804 à 1810. Pourquoi est-ce que je n'ai pas dit que ce n'était pas possible ? Ma semaine à Paris était déjà très occupée.

Ensuite j'étais anxieuse car Madame Rousseau m'avait annoncé hier la fermeture possible de la boutique Hot

Dogs.

Quand je suis stressée comme ce matin, je prends mon livre de méditation en français. C'est un livre qu'une amie m'a donné il y a quatre ans. Sous les couvertures, avec une petite lampe de poche, je lis lentement ce texte :

Nous allons respirer ensemble trois fois. Inspirez... expirez. Inspirez...expirez. Inspirez... expirez. Une dernière fois, inspirez... expirez.

Maintenant fermez les yeux. Nous allons faire une relaxation du corps de la tête aux pieds. Vous allez détendre tous les muscles de la tête, du cou, des épaules, les muscles des bras... Détendez les muscles de vos mains, de votre ventre, de votre dos, de vos jambes, votre jambe droite, votre jambe gauche et vos pieds.

Maintenant, nous allons commencer la méditation. Pour méditer, vous devez vous concentrer sur la respiration. Je respire...Je sais que je respire. Quand on a une pensée, alors on prend conscience de cette pensée. On arrête et on revient au point de concentration : la respiration. J'inspire, je sais que j'inspire. J'expire, je sais que j'expire.

Nous allons méditer ensemble deux minutes. Les yeux sont fermés. Les mains sont posées sur les cuisses.

J'inspire, je sais que... j'inspire. J'expire, je sais que... j'expire.

Il est normal d'avoir des pensées. Si une pensée arrive, j'arrête et je reviens doucement à mon point de concentration : ma respiration. J'inspire, je sais que j'inspire. J'expire, je sais que j'expire.

Nous avons médité ensemble quelques instants, maintenant, vous pouvez ouvrir les yeux doucement et bouger lentement votre corps.

Merci d'avoir médité avec moi.

Audio de la méditation : FranceDubinAuthor.podbean.com

J'adore méditer quand je suis stressée.

Quand j'ai ouvert la boutique ce matin, je me sentais mieux. J'ai fait un café et j'ai attendu les clients et leurs chiens en rêvant à mon voyage. Dans la matinée, j'ai vendu un sac de nourriture pour chien de petite taille, un shampooing antipuce, un jouet indestructible et un tube de dentifrice parfum bacon.

Jean-Pierre est entré dans la boutique vers onze heures trente.

« Bonjour Helen, comment allez-vous ?

— Je vais très bien, merci. J'ai hâte d'aller à Paris.

— Où est-ce que vous allez habiter à Paris ?

— Je ne me souviens plus du nom de la rue mais c'est dans le onzième arrondissement.

— Génial, j'adore ce quartier de Paris. Vous n'allez pas être loin du quartier du Marais. Vous devez y aller. Vous devez absolument voir la Place des Vosges. C'est mon endroit préféré à Paris.

— C'est noté, j'ai dit. Est-ce que vous voulez acheter quelque chose aujourd'hui ?

— Oui, est-ce que vous avez de nouveaux colliers pour chiens ?

— Oui, suivez-moi. »

Je connaissais bien maintenant les manies un peu spéciales de Jean-Pierre. Jean-Pierre aime de temps en temps avec ses amis se comporter comme un chien. Il aboie, mange dans un bol de métal ou se promène avec un collier et une laisse. J'imagine qu'il aime aussi faire pipi contre un mur ou un arbre mais ça, c'est déjà très français.

« C'est pour vous ou pour offrir ?

— Non, c'est pour moi. Je suis invité à une fête samedi et j'aimerais un collier assorti à mon slip.

— Regardez, nous avons reçu de nouveaux colliers en cuir d'autruche. Ils sont adorables. Il y en a de toutes les couleurs. En plus, ils brillent la nuit grâce à de petites lumières tout autour.

— Ils sont très beaux. Combien coutent-ils ?

— Ils coutent trente-six dollars chacun.

— C'est un peu cher mais quand on aime, on ne compte pas. Je vais prendre le vert et le marron.

— Parfait. Le total est de soixante-douze dollars sans la taxe. Au Texas, la taxe est de 6,25 %... Excusez-moi Jean-Pierre mais je révise mes nombres en français en ce moment. C'est bon pour moi de dire tous ces nombres. Vous n'êtes pas pressé ?

— Non, je ne suis pas pressé. Prenez votre temps.

— Merci, c'est gentil.

— Vous savez, a ajouté Jean-Pierre, en France la taxe est comprise dans le prix. Donc, les prix que l'on voit dans les boutiques sont les prix avec la taxe comprise. C'est plus facile…

— C'est vrai. Mais revenons à nos moutons… J'aime bien cette expression. Je l'ai apprise hier… La taxe est de 6,25%. Donc le coût total de ces deux colliers est 76,50 dollars.

— Ça coute un bras, mais je les prends.

— Est-ce que "Ça coute un bras" veut dire "c'est cher" ?

— Oui, comme "Ça coute la peau des fesses."

— Vous avez raison, ça coute un bras mais vous allez être le plus branché de la soirée. »

Toute la journée, j'ai attendu des nouvelles de Madame Rousseau, la propriétaire de la boutique Hot Dogs. Mais rien. Silence. Je n'ai pas eu de nouvelles.

Par contre, Madame Wilson est venue. Madame Wilson est une vieille dame très gentille. D'habitude, elle est très calme mais aujourd'hui elle était affolée.

« J'ai perdu Neige ! J'ai perdu Neige !

— Asseyez-vous là, lui ai-je dit en lui donnant une chaise. Racontez-moi tout !»

Madame Wilson pleurait maintenant.

« Ce matin, je suis allée faire les courses avec Neige. J'ai laissé ma petite chienne cinq minutes dans la voiture. Quand je suis revenue, la porte de la voiture était ouverte et Neige avait disparue.

— Quelqu'un l'a peut-être trouvée. Est-ce que Neige avait son adresse sur son collier ? »

Madame Wilson pleurait encore plus fort.

« Non, ce matin je lui ai donné un bain et j'avais enlevé son collier. Elle n'était pas tout à fait sèche quand nous sommes parties pour faire les courses. Pour ne pas avoir froid, je lui ai mis le beau tee-shirt que j'ai acheté chez vous samedi...C'était la première fois qu'elle portait ce tee-shirt. Elle était si jolie. »

Madame Wilson pleurait encore, encore plus fort. Pauvre Madame Wilson.

« Allez, madame Wilson, il faut garder espoir.

— Ma pauvre petite chienne Neige... Seule dans les rues avec les voitures...

— Je vais faire des petites affiches pour retrouver Neige. Est-ce que vous pouvez me donner une photo de Neige pour l'affiche ?

— Oui. Vous êtes très gentille. »

Madame Wilson a ouvert son sac à main et en a sorti un petit album rempli de photos de Neige : Neige à la mer, Neige à la montagne, Neige à la ville, Neige à la campagne, Neige qui dort, Neige qui mange...

Je me suis mise immédiatement au travail. J'ai allumé mon ordinateur et j'ai commencé à écrire :

Petite chienne perdue

Neige, petite caniche blanche, 6 mois est perdue depuis le 5 juin. Elle a disparu sur le parking de Target. Aidez-nous à retrouver Neige !

Merci de contacter le 777-328-1612 si vous avez des renseignements.

Madame Wilson est partie avec une vingtaine de petites affiches.

« Merci encore, je vais les coller dans le quartier.

— Et moi, je vais en mettre une sur la porte du magasin. Bon courage, Madame Wilson.

— Merci, Helen. »

Vers 16 heures, j'ai appelé Madame Wilson pour avoir des nouvelles. Mais rien ! Madame Wilson n'avait pas reçu un seul coup de téléphone.

« Je suis désespérée ! Ma pauvre petite neige. Je ne la reverrai jamais !

— Ne dites pas cela, Madame Wilson. Il faut toujours garder espoir. »

A dix-huit heures trente, j'ai fermé la boutique. J'étais contente d'aller à mon rendez-vous de voyageurs et de me changer les idées.

« Bonjour tout le monde !

— Bonjour Helen !

— Comment vas-tu ?

— Comme-ci, comme-ça ! J'ai eu une journée pleine d'émotions.

— Alors, a dit John, oublie tes soucis. Nous allons parler de notre voyage à Paris. »

Madame France n'était pas encore arrivée.

« Nous devrions chercher un nom pour notre groupe de voyageurs, a dit Sarah. Ce serait amusant.

— Bonne idée, a dit Terri.

— Que pensez-vous des "voyageurs étudiants" ? a demandé Sarah.

— C'est pas mal, a répondu John. Et "les Américains voyageurs" ?

— Ou bien, les AA, "les Américains Aventuriers" ? a dit Jo-Ann. Est-ce que cela ne fait pas trop Alcoolique Anonyme ?

— Si un peu… mais j'adore, a dit Sarah. »

Madame France est arrivée. Et après nous avoir dit « bonjour tout le monde », elle nous a distribué deux feuilles.

« Voici la carte d'un restaurant parisien. J'ai pensé que ça serait intéressant de le lire ensemble. »

Au Pied de Cochon

❀ ❀ ❀ ❀ ❀

Les entrées

Salade de carottes râpées

Pâté de lapin

Six escargots

Une douzaine d'huîtres

Les plats

Les viandes

Pot au feu avec os à moelle

Tartare de bœuf à la ratatouille

Côtes de porc aux petits pois

Les poissons et les fruits de mer

Coquilles Saint-Jacques

Crevettes avec pommes de terre

Moules frites

Les fromages

Plateau de fromages

Les desserts

Mousse au chocolat

Tarte Tatin

Crème brûlée

Trois boules de glace

Service Compris

Nous avons lu et traduit ensemble la carte. Jo-Ann a poussé un cri d'épouvante à l'idée de manger du pâté de lapin. Terri est devenue blanche à l'idée de manger de la viande de bœuf crue. Sarah a eu un-haut-le-cœur à l'idée de manger des huîtres vivantes.

« On met un peu de vinaigre sur l'huître et on peut la voir bouger, a dit Madame France.

— C'est dégoûtant, a crié Sarah.

— Oui, c'est déguelasse, a dit Jo-Ann. Les pauvres

animaux !

— Mais non, a ajouté Madame France. C'est important de manger une huître vivante comme cela on sait qu'elle est fraîche.

— Moi, a dit John, je veux bien essayer de manger des huîtres mais pas question de manger des escargots.

— Mais, a dit Madame France en colère, les escargots sont très bons à manger... surtout avec du persil et de l'ail.

— ...Et beaucoup de beurre, a ajouté Terri. »

Madame France s'était mise à rêver.

« Dès qu'il pleut dans mon village en France, je pars à la chasse aux escargots de Bourgogne. Attention, la chasse aux escargots est très règlementée. Il est interdit de ramasser les escargots de Bourgogne du 1er avril au 30 juin car c'est la période de reproduction. »

Le sujet la passionnait.

« L'escargot de Bourgogne, appelé aussi Helix pomatia, peut être ramassé seulement si sa coquille est supérieure à 4 centimètres de diamètre.

— 4 centimètres de diamètre, ça fait environ .... 1,5748 pouces, a dit John en regardant son portable.

— D'habitude, je ramasse deux ou trois douzaines d'escargots. Ensuite, je les mets dans un filet et je les laisse dans leur filet pendant 10 jours sans rien manger.

— Sans manger ! a crié Jo-Ann. Les pauvres animaux !

— Oui, c'est pour être sûr qu'ils aient les intestins vides. Ensuite, pour les préparer, c'est facile, on les lave et on les met dans de l'eau bouillante... »

Terri était maintenant verte.

« Peut-on parler d'autres choses ? Je ne me sens pas bien.

— Bien-sûr Terri. Je suis désolée. Je pourrais parler de la préparation des escargots pendant des heures. »

Nous avons étudié le menu pendant presque une heure. J'ai appris beaucoup de choses. Par exemple, je ne suis pas obligée de laisser de l'argent supplémentaire (le pourboire) au serveur. Le service est compris dans les prix affichés sur la carte.

La dernière section sur les desserts était un supplice. Tous les desserts, mousse au chocolat, crème brûlée, semblaient si délicieux.

Je suis rentrée chez moi et j'ai dévoré… une salade. Je fais attention à ce que je mange avant le départ pour Paris, parce que quand je serai à Paris, je vais manger tout ce que je veux. Buffet à volonté !!

Jeudi 6 juin

Cette nuit, j'ai mal dormi. J'ai fait un cauchemar. J'ai rêvé que je me promenais sur les Champs-Élysées et que tout le monde me regardait. J'ai réalisé rapidement que je ne portais pas de vêtements. J'étais nue comme un ver.

En plus, dans mon rêve, j'avais un tatouage. En haut de ma jambe droite, il y avait un cœur et les mots *À John pour la vie*.

C'était horrible. Quel cauchemar. Ensuite...

Ensuite...Je me suis réveillée car mon téléphone a sonné. Et c'était John !

« Bonjour Helen ! »

C'était très étrange d'entendre sa voix...

« Helen ?

— Oui...

— Excuse-moi de t'appeler si tôt. J'ai une faveur à te demander. »

Pendant que John me parlait, j'ai regardé rapidement le haut de ma jambe. Ouf ! Soulagement ! Il n'y avait pas de tatouage.

« Tu sais que nous allons vivre dans un appartement à Paris.

— Oui, je le sais.

— Je voudrais savoir si tu veux bien partager un appartement avec moi ?

— Oui bien sûr, mais pourquoi ?

— Je te le dirai plus tard. C'est un peu délicat... »

John a raccroché le téléphone soudainement.

Quel problème peut-il bien avoir ? Est-ce qu'il ronfle beaucoup et je vais l'entendre à travers les murs de sa chambre ? Est-ce qu'il a un problème d'aérophagie et il pète sans cesse ? Est-ce qu'il aime se promener nu dans son appartement pendant qu'il fait la cuisine ? Est-ce que son fantasme est de boire dans des chaussures de femmes parfumées par une journée de marche dans les rues de Paris ?...

J'ai regardé mon réveil. Il était 7 heures 15. Merde ! Je dois me préparer si je ne veux pas arriver en retard au travail.

J'ai sauté du lit. J'ai couru dans la salle de bain.

Je me suis lavée. Je me suis essuyée. Je me suis peignée. Je me suis habillée et je me suis maquillée.

J'ai ensuite couru dans la cuisine. J'ai fait un café et une tartine avec de la confiture. J'ai fini mon petit-déjeuner en dix minutes.

Je me suis brossée les dents et je suis partie au boulot.

Je suis arrivée juste à l'heure. J'ai ouvert la boutique à 8 heures pile.

Le téléphone a sonné.

« Hot Dogs Boutique, Bonjour !

— Helen ?

— Oh, bonjour, Madame Wilson. Vous avez retrouvé Neige ?

— Non. Je n'ai aucune nouvelle. Je n'ai pas dormi de la nuit. C'est fini. Je ne reverrai jamais ma belle petite chienne Neige. »

Je ne savais pas quoi dire à Madame Wilson pour la consoler.

J'ai relevé la tête car une personne venait d'entrer dans la boutique.

Je me suis frottée les yeux. La femme qui venait d'entrer dans le magasin tenait un petit caniche blanc dans ses bras. Le petit chien portait un t-shirt. Le petit caniche ressemblait énormément à Neige.

« Helen ? » a dit Madame Wilson.

Je ne voulais pas donner de faux espoirs à Madame Wilson alors je lui ai dit : « Je dois aider une cliente. Je vous rappelle dans cinq minutes, Madame Wilson ! »

La femme avait environ trente ans. Elle portait une robe rouge avec une ceinture bleue. Avec le chien blanc dans les bras, c'était comme un drapeau français qui entrait dans la boutique.

« Bonjour, m'a-t-elle dit, j'ai trouvé ce petit chien à coté de ma maison hier soir vers minuit. Vous connaissez le ou la propriétaire de ce petit toutou ?

— Oui, bien sûr, je la connais. C'est Madame Wilson. Elle va être si contente. »

J'ai pris Neige dans mes bras pour voir si elle n'était pas blessée. Elle allait très bien. Elle m'a léché la joue comme pour me dire « bonjour. »

« Vous permettez que j'appelle Madame Wilson pour lui dire que son chien a été retrouvé ?

— Oui, bien sûr.

— Elle va être tellement contente ! »

J'ai tout de suite composé le numéro de téléphone de Madame Wilson.

« Bonjour, c'est Helen. J'ai une excellente nouvelle

pour vous. Neige a été retrouvée ! Elle est ici, dans le magasin. Elle vous attend.

— Je ne peux pas y croire. J'arrive tout de suite. »

Madame Wilson est arrivée deux minutes plus tard. Elle a pris sa petite chienne dans ses bras. Elle était si contente. Elle a répété plusieurs fois « je ne peux pas y croire ! Je ne peux pas y croire ! »

Ensuite, nous avons demandé à l'autre femme pourquoi elle était venue à la boutique. Sur les affiches que j'avais faites pour Madame Wilson, il y avait seulement un numéro de téléphone.

« Je n'ai vu aucune affiche, a dit la femme.

— Vraiment ? Alors, pourquoi est-ce que vous êtes venue dans cette boutique ? ai-je demandé.

— Je suis venue dans cette boutique, a dit la femme, parce que la petite chienne portait un tee-shirt tout neuf et qu'il y avait encore l'étiquette de la boutique Hot Dogs accrochée dessus.

— Quelle chance !! j'ai crié. »

Madame Wilson a pris les coordonnées de la femme. Je pense qu'elle va lui offrir un beau cadeau pour la remercier. Et puis, tout le monde est parti.

Je suis restée seule dans la boutique pendant un bon moment. J'ai profité de ces instants de solitude pour réviser mon français. J'ai lu mes fiches sur le vocabulaire du restaurant.

Traduire tous ces mots en anglais :

1. Un serveur

_____

2. Une serveuse

_____

3. Les légumes

_____

4. Le plat du jour

_____

5. Une assiette propre

_____

6. Une serviette de table

_____

7. Un verre

_____

8. Une autre fourchette

_____

9. L'addition, s'il vous plaît.

_____

10. Je voudrais la même chose.

_____

11. Je voudrais autre chose.

_____

12. C'est pour moi !

_____

13. Excusez-moi, j'ai fait tomber le vase.

_____

14. Où se trouvent les toilettes ?

_____

15. Je voudrais des glaçons, s'il vous plaît.

_____

16. Je vais prendre le menu dégustation.

_____

17. J'ai très faim.

_____

18. J'ai trop bu et trop mangé.

L'après-midi a été assez calme dans la boutique. J'ai vendu trois colliers pour chiens, une boîte de sacs à déchets (pour ramasser les cacas pendant la promenade), une brosse pour poils courts, une brosse pour poils longs et un coupe-ongles.

J'ai fermé la boutique à dix-huit heures trente-cinq et je suis partie à la réunion des AA, Les Américains Aventuriers.

« Bonjour tout le monde !

— Bonjour Helen.

— Helen, va chercher ta boisson, a dit Madame France, nous allons commencer. »

Aujourd'hui, c'était une bonne journée : Neige était à la maison ! Pour fêter ça, j'ai commandé du champagne. Le serveur m'a servi le champagne dans une coupe et pas dans une flute à champagne. C'était un peu bizarre maintenant que je connais l'histoire de la coupe de champagne.

Je suis revenue m'asseoir avec mes amis voyageurs.

« Comment vas-tu ? m'a demandé John.

— Très bien et toi ? »

Je ne pouvais pas m'arrêter de penser à ce que John m'avait dit au téléphone ce matin. Quel problème pouvait-il avoir ? Je l'ai observé du coin de l'œil.

Est-ce qu'il aimait s'habiller en femme dans l'intimité

de son appartement ? Est-ce qu'il aimait tricoter et en avait honte ? Est-ce qu'il aimait manger des fruits pourris ? J'avais entendu un jour que c'était une habitude très répandue. Est-ce qu'il avait une phobie bizarre, comme la phobie des chaussettes rouges, la phobie des plantes vertes...

Madame France m'a arrêtée dans mes rêveries. Elle nous a donné à chacun un plan du métro de Paris.

« Pendant la semaine, nous allons prendre les transports en commun : le train, le bus et le métro. Nous allons acheter une carte de transport pour toute la semaine. Cette carte va vous permettre de voyager à Paris mais aussi en banlieue. »

Nous avons tous regardé la carte du métro. La professeure nous a expliqué que ces cartes sont gratuites. Si on la perd, il faut en demander une autre dans une station de métro.

« Regardez la carte et trouvez la station Voltaire. C'est la station la plus proche de notre appartement. »

Avant même que j'ai eu le temps d'ouvrir la carte, John a crié « J'ai trouvé ! C'est sur la ligne numéro 9 entre la station Saint Ambroise et la station Charonne.

— Parfait ! Qui peut maintenant trouver l'aéroport Charles de Gaulle sur la carte ? » a dit Madame France.

John a crié « J'ai trouvé ! C'est en haut à droite sur la carte.

— Putain John ! a dit Sarah, laisse-nous un peu de temps.

— Oui, c'est vrai, a dit Jo-Ann en colère. Ras-le-bol ! »

Madame France a continué.

« L'aéroport Charles de Gaulle ne se situe pas sur une ligne de métro mais sur la ligne du RER B. RER signifie : Réseau Express Régional. C'est un peu comme un métro express qui va aussi en banlieue. Qui peut trouver… la station RER Versailles Château ? »

John était vexé alors il est resté silencieux. Sarah, Jo-Ann et moi avons cherché 10 bonnes minutes avant de trouver. J'étais prête à jeter l'éponge quand Jo-Ann a dit : « J'ai trouvé. C'est en bas à gauche de la carte.

— Exactement, a dit Madame France qui commençait à s'impatienter. Pour aller au Château de Versailles, vous devez prendre le RER C.

— Est-ce que l'on prend le RER pour aller à Reims ?

— Tu veux aller à Reims, Sarah ?

— J'adore le champagne. J'aimerais visiter une exploitation de champagne.

— Très bien, a dit Madame France. Alors pour sortir de la banlieue, pour aller plus loin comme la ville de Reims, on utilise un autre type de train. C'est le réseau de la SNCF. SNCF signifie Société National des Chemins de Fer Français. Pour aller à Lyon, à Marseille, à Bordeaux, à Nice et à Giverny, on utilise les trains de la SNCF.

— D'accord, je comprends, a dit Sarah. Et est-ce que je prends le train à la gare de Lyon ?

— Non, regarde encore la carte du Metro de Paris. Tu

vas y trouver 6 gares différentes : la gare de Lyon, la gare de l'Est, la gare du Nord, la gare Saint-Lazare, la gare d'Austerlitz et la gare Montparnasse.

— Six gares ! a dit John, je ne le savais pas !!

— Six gares intramuros (à l'intérieur de Paris) mais il y a aussi deux autres gares juste à l'extérieur de Paris. L'une s'appelle Paris-Marne-la-Vallée pour aller par exemple à Disneyland Paris et l'autre s'appelle Paris-Aéroport de Roissy Charles de Gaulle.

— Huit gares ! a dit John. Je ne le savais vraiment pas ! »

Sarah, Jo-Ann, Terri et moi, nous nous sommes regardées du coin de l'œil. Alléluia ! C'était la première fois que John disait cette phrase : je ne le savais pas ! Et il l'avait dite deux fois. Le dicton du jour : Tout vient à qui sait attendre.

« Donc, a repris Madame France, selon la destination, on va prendre le train à la gare de Lyon, ou la gare Montparnasse, ou la gare du Nord…

— Et alors, pour aller à Reims ?

— Pour aller à Reims, il faut prendre le train à la gare de l'Est. Pour aller à Londres, on prend le train à la gare du Nord. Pour aller à Bordeaux, on prend le train à la gare Montparnasse. Pour aller à Giverny, voir la maison de Monet, on prend le train à la gare Saint-Lazare. Pour aller à Toulouse on prend le train à la gare de Lyon. »

Toutes ces histoires de trains m'ont donné mal à la tête. J'ai fini ma coupe de champagne et je suis rentrée à la maison à pied.

Vendredi 7 juin

Le départ approche et je dois m'organiser. Aujourd'hui j'ai fait la liste de toutes les choses que je devais faire avant de partir.

Trouvez la bonne traduction de cette liste :

1- Faire ma valise	A- Empty the trash
2- Faire la valise de mon chien	B- Check my passport
3- Arroser les plantes vertes	C- Change the bedsheets
4- Nettoyer mon appartement	D- Water the plants
5- Vider le réfrigérateur	E- Clean my apartment
6- Changer les draps du lit	F- Empty the refrigerator
7- Passer l'aspirateur	G- Pack my bag
8- Vider les poubelles	H- Pack my dog's bag
9- Vérifier la validité de mon passeport	I- Vacuum the floor

J'étais prête pour une dernière journée de travail.

Ce matin, j'ai pris mon petit déjeuner. J'ai mangé un grand bol de céréales avec des fraises biologiques et un peu de lait d'amandes. J'ai bu deux verres de thé vert glacé. Verre et vert. C'est amusant. Ces mots ont le même son.

Les mots vert et verre m'ont fait penser à un exercice que nous avons fait en classe avec madame France. Il fallait choisir le bon homonyme et finir les phrases.

vert / verre / vers / ver

1. Je vais _____ la gare Saint-Lazare. Tu viens avec moi ?

2. Tu veux du vin dans ton _____ ?

3. Il y a un _____ dans ma pomme.

4. On met du citron _____ dans une Margarita.

foie / foi / fois

1. Tu vas deux _____ par semaine faire du tennis.

2. Est-ce que tu aimes le _____ gras ?

3. Il a la _____. Il va à l'église tous les dimanches.

cent / sans / sang

1. Ma voisine a de la chance. Elle a trouvé _____ dollars par terre.

2. Il y a du _____ sur ton menton. Tu t'es coupé ?

3. _____ voiture, je ne peux pas partir en vacances.

mettre / maître / mètre

1. Je mesure un _____ et 54 centimètres.

2. Je vais _____ la table. Les invités vont bientôt arriver.

3. Le _____ d'école est très occupé.

cou / coût / coup

1. J'ai eu un _____ de cœur pour cette robe. Et je l'ai achetée.

2. J'ai mal au _____. J'ai besoin d'un massage.

3. C'est un _____ trop élevé.

Je suis partie au travail à 9 heures. À 9 heures 15, un jeune couple est arrivé dans la boutique. Ils ont regardé dans tous les rayons de la boutique puis ils se sont dirigés vers moi.

« Bonjour, est-ce que je peux vous aider ?

— Oui, nous venons de nous marier.

— Mes félicitations !

— Merci ! Nous ne sommes pas prêts pour avoir un enfant. Mais nous voulons adopter un chien.

— C'est une bonne idée. Avoir un chien est une aventure fantastique.

— Oui, nous pensons la même chose.

— Malheureusement chez Hot Dogs, nous n'avons pas de chiens. Nous vendons seulement de la nourriture, des vêtements et des jouets mais pas de chiens.

— En fait, nous sommes venus dans la boutique pour avoir un conseil. Quelle race devrions-nous adopter ? Un labrador ? Un basset ? Un berger allemand ? Un boxer ? Un carlin ? Un lévrier ? »

Je suis allée prendre une brochure.

« Je ne sais pas… Peut-être que vous pourriez lire ce texte. C'est une liste de questions à se poser quand on choisit un chien. »

1. Est-ce que vous habitez dans une maison ou un appartement ?
2. Est-ce que vous vivez en ville ou à la campagne ?
3. Est-ce que vous aimez les chiens petits, moyens ou grands ?
4. Est-ce que vous souhaitez faire du sport avec votre chien ?
5. Est-ce que vous êtes casanier et préférez rester à la maison ?
6. Est-ce que vous avez des enfants ?
7. Est-ce que vous voulez que le chien garde la maison ?
8. Est-ce que vous aimez dresser les chiens ?
9. Est-ce que vous avez du temps pour vous occuper du toilettage ?
10. Est-ce que vous voulez gagner des concours avec votre chien ?
11. Quel est le budget mensuel que vous pensez consacrer à votre chien ?
12. Quelle doit être sa qualité principale ? L'intelligence, être affectueux ou calme ?
13. Combien d'heures votre chien va-t-il rester seul à la maison ?

« Cette brochure est très intéressante, merci ! Cela va beaucoup nous aider.

— De rien. Quand vous aurez fini, regardez derrière le document, il y a la liste des chiens parfaits pour vous.

— Merci encore ! ont-ils dit ensemble.

— Et n'oubliez pas, il y a de nombreux chiens

abandonnés dans notre ville.

— Nous sommes d'accord avec vous. Nous souhaitons adopter un chien abandonné.

— Alors, je vous conseille le site www.petfinder.com. Sur ce site, vous trouverez de nombreux chiens. C'est sur ce site que j'ai trouvé l'amour de ma vie : mon chien Caramel.

— Merci encore. Vous nous avez beaucoup aidé.

— Mais avec plaisir…Et quand vous serez les heureux propriétaires d'un chien, revenez dans la boutique pour lui acheter son lit et son collier.

— Bien sûr ! A bientôt ! »

Et ils sont partis la main dans la main.

L'après-midi a été plus calme. Madame Wilson est passée avec Neige. Elle m'a apporté des macarons au chocolat pour me remercier de mon aide. Ils étaient délicieux !

Jean-Pierre est passé aussi pour me souhaiter « bon voyage. »

« Je voulais vous voir avant votre départ, m'a-t-il dit. Profitez bien de Paris !

— Merci. C'est très gentil.

— Vous allez voir, la ville est superbe. Vous allez adorer ! »

Et juste avant la fermeture du magasin, John a poussé la porte de la boutique.

« Bonjour Helen ! »

C'était la première fois que je le voyais dans la boutique

Hot Dogs. J'étais un peu étonnée. Est-ce qu'il était venu pour me parler de son problème ?

« Bonjour John, comment vas-tu ?

— Je vais très bien, merci. Et toi ?

— Très bien, merci. Tu as besoin de quelque chose ?

— Oui, avant de partir, je voudrais acheter un collier pour chien.

— Quelle taille ?

— Je voudrais acheter un très grand collier.

— Un grand collier ?? »

Merde ! John était comme Jean-Pierre. Il aimait lui aussi s'habiller comme un chien ! J'avais lu un article sur ce mouvement. Se comporter comme un chien permettait aux hommes modernes de s'échapper de leurs responsabilités pendant quelques heures par semaine. C'était un mouvement en pleine croissance.

J'ai cligné de l'œil en souriant à John.

Je lui ai demandé de me suivre jusqu'au rayon des colliers de chiens. Je lui ai montré celui que Jean-Pierre avait acheté cette semaine.

« Tu aimes porter des colliers de chien, John ?

— Quoi ?? Qu'est-ce que tu racontes ??

— Tu sais… Tu peux tout me dire. Ce grand collier, c'est pour toi ?

— Mais, pas du tout. C'est pour mon vieux chien Max. »

Merde ! J'avais dit une grosse bêtise. John a dû me trouver un peu bizarre. Il est sorti de la boutique rapidement.

Il était maintenant dix-huit heures trente et j'étais officiellement en vacances.

Madame Rousseau, la propriétaire de la boutique, allait s'occuper du magasin pendant mon absence. Je croisais les doigts car elle n'était pas très organisée. Il fallait s'attendre à quelques petits problèmes.

Mais le grand problème était surtout : est-ce que la boutique Hot Dogs allait toujours être là à mon retour de France ?

Samedi 8 juin

Aujourd'hui, mes vacances commencent !

Et demain, je vais partir à Paris !

Je vais passer sept jours dans la capitale de la France avec ma professeure de français et quelques étudiants. Je suis très contente.

Aujourd'hui, je suis très occupée. J'ai l'impression d'être comme un poulet sans tête. Je cours partout.

J'ai rangé mon appartement. J'ai vérifié la date de validité de mon passeport quatre fois. J'ai aussi donné les clés de mon appartement à ma voisine. Elle va venir arroser mes plantes vertes tous les trois jours.

Et j'ai fait ma valise. J'y ai mis plusieurs choses.

Trouvez la bonne traduction :

1-Deux pantalons	A- Eight pairs of underwear
2- Une chemise de nuit	B- Six pair of socks
3- Six paires de chaussettes	C- A swimsuit
4- Sept t-shirts	D- A fancy dress (you never know)
5- Deux pulls	E- Two pairs of pants
6- Une robe de soirée (on ne sait jamais)	F- Two sweaters
7- Huit culottes	G- Seven t-shirts
8- Un maillot de bain	H- A night gown

J'ai aussi mis dans ma valise une trousse de toilettes contenant une brosse à dent, du fil dentaire, du dentifrice, une crème de jour, une crème de nuit, un rouge à lèvre, quatre échantillons de shampooings, une petite bouteille de gel désinfectant, une pince à épiler, un coupe-ongles et une boite de pansements.

J'ai préparé aussi un sac pour emporter dans l'avion avec moi. J'y ai mis un masque pour dormir, un foulard, un livre (j'ai acheté un livre sur la vie de Joséphine et de Napoléon), un petit tube de crème hydratante et des lingettes désinfectantes. Je crois que j'ai pensé à tout.

J'ai aussi préparé la valise de Caramel. Il allait rester chez mon amie Candace pendant mon absence. Dans sa valise, j'ai mis :

- son lit
- un sac de nourriture sèche
- son jouet préféré : un os en plastique
- une balle de tennis
- une laisse pour aller dehors
- un de mes vieux pulls pour qu'il continue à sentir mon odeur même quand je ne suis pas là
- des petits sacs pour ramasser les cacas pendant les promenades

Vers seize heures, j'ai emmené Caramel chez Candace. J'ai installé le lit de Caramel dans le salon à côté de la cheminée. J'ai disposé son jouet, mon vieux pull et la balle de tennis à côté de son lit. J'ai rangé le sac de nourriture dans le placard de la cuisine. Quand tout était fini, Candace et moi, nous avons bu une coupe de champagne.

« Pour fêter ton départ, a dit Candace.

— Vive le champagne et vive Paris ! » ai-je dit en levant mon verre.

Candace avait fait des petits sandwichs. Sur chaque sandwich était planté un drapeau français. C'était très mignon.

« J'espère que tu vas écrire tout ce que tu fais à Paris, a dit Candace.

— Peut-être pas tout, ai-je répondu, mais je vais écrire les évènements intéressants et puis ensuite j'en ferai peut-être un livre plus tard.

— J'ai hâte de te lire. »

Après avoir serré dans mes bras Candace et Caramel, je suis rentrée chez moi.

Mon appartement était trop vide sans mon chien. Je me suis rendue compte à quel point Caramel comptait pour moi. Sans lui, ma vie était moins amusante.

Dimanche 9 juin

Je dois être à l'aéroport au plus tard à 16 heures. Mon avion décolle à dix-huit heures.

Je n'ai pas bien dormi cette nuit. Je n'aime pas beaucoup prendre l'avion. Je ne sais pas pourquoi. On dit que c'est le moyen de transport le plus sûr. On dit que c'est plus sûr que l'ascenseur mais moi, je préfère prendre l'ascenseur !

J'ai eu un cauchemar cette nuit. J'étais dans les rues de Paris. Je marchais seule. Je suis entrée dans une boulangerie pour acheter un croissant. J'ai utilisé mon français pour parler avec la boulangère mais elle ne m'a pas comprise. J'ai répété plusieurs fois : « Je voudrais un croissant, s'il vous plaît. » Mais rien. Elle ne me comprenait pas. Je suis sortie de la boulangerie très frustrée et sans croissant. Merde !

Mon téléphone a sonné à neuf heures.

« Helen, je ne me souviens plus du code de l'alarme de

la boutique. Est-ce que vous pouvez me le donner ? »

C'était Madame Rousseau, la propriétaire de Hot Dogs.

« Le code est 24601.

— Fantastique. Merci ! Bon voyage Helen !

— Madame Rousseau ?...

— Oui ?...

— Vous avez des nouvelles concernant votre tante ?

— Ma tante ? Mais elle est morte la semaine dernière.

— Oui, je sais... Mais vous m'aviez parlée d'un emprunt... Et de peut-être devoir fermer la boutique.

— Non, je n'ai pas encore de nouvelles. Mais je vais en avoir bientôt. J'ai rendez-vous vendredi prochain pour la lecture du testament. Je vous appelle dès que j'en sais plus. Au revoir.

— Au revoir, Madame Rousseau !

— Helen ? Une dernière question... Quel est le code pour démarrer l'ordinateur ? »

J'ai ensuite passé une bonne partie de la journée à faire le ménage chez moi. J'ai pensé à l'expression « ménage à trois. » Mais aujourd'hui je fais « ménage à une. » Pas de doute, « le ménage à une », c'est moins amusant.

J'ai passé beaucoup de temps à nettoyer mon appartement. J'ai lavé le carrelage dans la cuisine. J'ai vidé mon réfrigérateur de tous les aliments qui pouvaient pourrir pendant mon absence. J'ai passé l'aspirateur dans ma chambre et dans le salon. La moquette était très sale avec les poils de Caramel. J'ai pensé à l'expression que Madame France nous avait apprise : « être sale comme un peigne. » Après la moquette, j'ai passé l'aspirateur dans le couloir. J'ai nettoyé l'évier de la cuisine et le lavabo de la salle de bains avec du vinaigre blanc et du bicarbonate de soude.

J'essaie de ne pas utiliser trop de produits chimiques. J'utilise seulement des produits naturels et de « l'huile de coude. »

À quinze heures, tout était prêt. L'appartement était très propre. J'ai attrapé ma petite valise.

J'ai vérifié une dernière fois que tout était bien fermé : les lumières, les robinets, les fenêtres… J'ai vérifié aussi que mon passeport était bien dans ma ceinture portefeuille autour de mon ventre. J'ai fermé ma porte à clé. Et j'ai frappé sur la porte de ma voisine.

« Bonjour Helen ! Alors c'est le grand départ aujourd'hui ?

— Oui. Voici mes clés. Merci encore de bien vouloir arroser mes plantes.

— Pas de soucis.

— C'est très gentil d'avoir accepté ! Je pars maintenant pour l'aéroport…

— Bonne chance. J'espère que ton voyage sera calme. Un de mes amis a récemment pris l'avion. Il m'a dit que c'était la pire expérience de sa vie. D'abord il était assis entre deux bébés qui ont pleuré pendant tout le voyage.

Ensuite l'homme devant lui a enlevé ses chaussures et une odeur horrible a envahi l'avion. Après, il y a eu de très grandes turbulences… »

Merde, je ne pouvais pas rester une minute de plus à écouter ce scénario digne du film « Y-a-t-il un pilote dans l'avion ? »

« Ok ! Merci. Je dois partir maintenant. Je ne veux pas arriver en retard… »

Mais elle a continué.

« Et ensuite, un passager est tombé malade. Il a vomi partout… »

J'ai commencé à faire quelques pas vers la sortie.

« Au revoir. Je dois partir maintenant. Au revoir … »

Je suis arrivée à l'aéroport juste à l'heure. Notre petit groupe était presque au complet. Il manquait seulement Madame France.

Jo-Ann et Sarah portaient toutes les deux un pantalon de jogging. Elles avaient vraisemblablement l'habitude de voyager et connaissaient l'importance de choisir des vêtements confortables. John, lui, portait un pantalon avec une douzaine de poches sur les côtés. Il ressemblait à un explorateur.

« Eh, John ! Tu pars faire un safari ? lui a dit Sarah.

— Très drôle Sarah. »

Terri était accompagné par son petit-ami français. Je les entendais se parler tendrement :

« Bébé, passe de bonnes vacances.

— Mon chéri, je vais penser à toi.

— Ma petite puce, c'est dommage que je ne puisse pas venir avec toi.

— Mon lapin, tu as trop de travail. Je comprends.

— Mon rayon de soleil, amuse-toi bien.

— Et toi mon cœur, ne travaille pas trop.

— Je t'aime ma biche !

— Je t'aime aussi mon poussin ! »

Et madame France qui n'était toujours pas là !

Pendant quelques minutes, j'ai paniqué à l'idée qu'elle ne vienne pas. Je l'ai imaginée coincée dans l'ascenseur de son immeuble. Je l'ai imaginée sur la route avec un pneu crevé. Je l'ai imaginée à l'hôpital à cause d'une appendicite aiguë. Et juste quand je l'imaginais morte allongée sur son lit mortuaire, j'ai entendu :

« Coucou, je suis là … Vous avez eu peur ?

— Pas du tout », ai-je répondu dans un sourire forcé.

Le passage de la sécurité s'est fait sans problème… Sans problème, sauf pour John. Il a dû vider toutes les poches de son pantalon. Dans une première poche, il y avait un ouvre-boîte. Dans une deuxième poche, il y avait un tournevis. Dans une troisième poche, il y avait un kit pour réparer les lunettes de vue. Dans une quatrième poche, il y avait un tire-bouchon…

Tous les objets qu'il avait emportés étaient interdits en cabine. Il a dû tous les abandonner. Pauvre John !

Les seules choses qu'il ait pu garder ce sont des petits sachets de ketchup. Est-ce que John pensait que le ketchup n'existait pas à Paris ?

À dix-sept heures trente, nous étions tous dans l'avion

direction Paris !

À dix-huit heures quinze, l'avion a décollé.

À dix-neuf heures, j'ai bu ma première coupe de champagne…

Je pouvais voir de mon siège, 34D, toutes les personnes de mon groupe.

John, en 11F, s'est endormi tout de suite. Il n'a même pas mangé le 'bon' repas offert par la compagnie aérienne.

Madame France, en 14D, elle, a dévoré son repas. Je l'ai aussi vue demander plus de pain.

Terri, en 25B, regardait un film triste. Je l'ai vue essuyer ses yeux plusieurs fois.

Jo-Ann, en 25A, regardait avec haine sa voisine qui toussait sans mettre la main devant sa bouche.

Sarah, en 27C, lisait un guide touristique sur le sud de la France.

Et moi, je regardais par le hublot. J'avais hâte d'apercevoir la tour Eiffel !

Lundi 10 juin

Et à neuf heures quarante du matin, nous avons atterri à Paris. Youpi !

J'étais très contente de pouvoir marcher sur la terre ferme. Nous avons passé la douane sans problème. Nous avons récupéré nos valises et nous avons suivi les panneaux pour la gare Roissy Charles de Gaulle.

Dans la gare, nous avons acheté notre titre de

transport, valable pour une semaine. La dame au guichet était très gentille. Puis nous sommes montés dans le train direction Paris.

Dans le train RER, personne ne parlait. Nous regardions tous par la fenêtre ce pays qui allait nous accueillir pendant une semaine.

Au départ, je dois dire que le paysage n'était pas très joli. Il y avait beaucoup d'immeubles gris. Nous sommes passés devant un grand stade appelé le Stade de France.

Dans le train, il y avait de plus en plus de passagers. Nous devions serrer nos valises entre nos jambes. Beaucoup de personnes allaient au travail à Paris. L'ambiance était morose dans le train. Les gens regardaient leur téléphone ou dormaient. Nous étions serrés comme des sardines (une expression idiomatique que j'adore).

Après peut-être quarante minutes, nous sommes entrés dans un tunnel. Madame France nous a fait signe que nous devions descendre au prochain arrêt : Gare du Nord.

La sortie du train était un peu stressante car il y avait beaucoup de monde. Il fallait pousser en disant « pardon ! pardon ! » Ce n'était pas facile avec nos valises.

« Maintenant il faut trouver le métro », a dit Madame France.

Nous étions très fatigués. Nous avons marché dans les couloirs du métro en tirant nos valises. Les odeurs du métro n'étaient pas très agréables. Ça ne sentait pas le

Chanel No 5.

Enfin, après presqu'une heure trente dans les transports en commun, nous sommes sortis du métro et là ... bonheur ! Nous étions à Paris, dans notre quartier. Devant nous, il y avait une petite place avec une boulangerie, une fromagerie et deux ou trois cafés. Parfait !

Nous avons marché jusqu'à notre immeuble rue de la Roquette. Madame France a fait le code 4224 pour ouvrir la grosse porte de bois.

« Courage mes amis, a dit Madame France. Encore quelques efforts. »

Nous avons monté les 5 étages en silence. Au cinquième, sur le palier, il y avait deux portes, la porte A et la porte B. Les portes de nos deux appartements !

Madame France a sorti une petite enveloppe de sa poche.

« Dans l'enveloppe, il y a des papiers avec les lettres A et B écrit dessus. Vous allez tirer au hasard un papier. Les personnes avec la lettre A iront dans l'appartement A. Les personnes avec la lettre B vont dans l'appartement B. »

Il m'a semblé que John voulait dire quelque chose. Mais avant qu'il puisse dire quoi que ce soit, le tirage au sort a commencé.

« J'ai la lettre A, a dit Terri.

— Moi, la lettre B, a dit Jo-Ann.

— Moi aussi B, a dit Sarah.

— Moi, j'ai la lettre A », a dit John.

Après de longues minutes de réflexion, le décalage

horaire ne m'aidant pas, j'ai pensé qu'il restait dans l'enveloppe deux papiers : un papier avec la lettre A et un autre avec la lettre B.

Donc, selon mes calculs j'avais autant de chance de partager un appartement avec John et Terri que j'avais de chance d'être avec Jo-Ann et Sarah. Par contre, j'avais 0% de chance de partager l'appartement avec Madame France.

J'ai mis la main dans l'enveloppe et j'ai tiré… la lettre A.

Nous avons ouvert les deux portes. Madame France, Jo-Ann et Sarah ont disparu dans l'appartement B. Et John, Terri et moi sommes entrés dans l'appartement A.

Derrière la porte d'entrée, il y avait un joli salon avec un parquet en bois et un chandelier en cristal, une cuisine moderne, une salle de bain avec une grande douche et trois chambres lumineuses.

« Où sont les toilettes ? a demandé John.

— Ici », a répondu Terri.

Là, petite déception. Les toilettes étaient au bout du couloir, sans fenêtre et surtout sans lavabo !

« Je ne veux pas paraitre snob, a dit Terri, mais comment les Français font-ils pour se laver les mains ?

— Je pense qu'ils se lavent les mains dans le lavabo de la salle de bains, a proposé John.

— Mais cela n'a pas de sens, la salle de bains est à l'autre bout du couloir !

— Alors peut-être qu'ils ne se lavent pas les mains

après avoir été aux toilettes. »

Terri et moi, nous nous sommes regardées dans les yeux.

« Moi, a dit John pour changer de sujet, je n'appelle plus les toilettes 'the John'. Je les appelle Jim. Et comme cela, je peux dire 'je suis allé à la Jim ce matin !' »

Après cette information qui nous a fait sourire, nous avons choisi nos chambres. La mienne était bleue. Il y avait un grand lit, une armoire ancienne et un petit bureau avec une chaise.

J'ai ouvert la fenêtre. La vue sur les toits gris de Paris était fantastique. J'ai réalisé à cet instant combien j'avais de la chance.

Quelqu'un a frappé à la porte d'entrée. John est allé ouvrir.

« Vous aimez votre appartement parisien ? a demandé Madame France.

— On adore ! ont répondu en chœur Terri et John.

— On va sortir bientôt ! Aujourd'hui, la journée va être difficile à cause du décalage horaire. Il faut bouger, aller dehors et surtout ne pas faire la sieste. »

Un peu plus tard, nous étions tous dehors prêts à commencer l'aventure.

« L'appartement est à côté de la place Voltaire. C'est là que nous sommes sortis du métro tout à l'heure, nous a dit Madame France en indiquant la bouche de métro du doigt. Et juste ici, il y a un arrêt de bus. Nous allons prendre le bus 69.

C'est un numéro facile à se rappeler ! » a dit John.

Madame France a continué :

« Le bus 69 traverse Paris. Vous verrez, vous allez l'adorer. »

Le bus est arrivé quelques minutes plus tard. Nous avons dit « bonjour » au chauffeur. Nous avons validé notre titre de transport et nous nous sommes assis près d'une fenêtre pour pouvoir regarder les rues de Paris.

J'ai repensé à la question que Terri avait posée à Madame France pendant notre dernier cours : qu'est-ce qui vous a étonné le plus quand vous êtes venue vivre aux États-Unis ?

Si on me posait la même question sur Paris, je dirais : le nombre important des motos et des vespas dans les rues, le nombre de personnes qui fument et les grands bus qui passent dans les petites rues en frôlant les murs.

Madame France avait raison, nous avons traversé Paris avec le bus 69, de l'est à l'ouest. Nous avons vu la place de la Bastille, la mairie de Paris, le jardin des Tuileries, Le musée Louvre, le musée d'Orsay et le dernier arrêt, la tour Eiffel.

Au terminus, en voyant la tour Eiffel, j'ai pensé : Helen, tu as beaucoup de chance !

« Est-ce que vous savez combien de marches il faut monter pour arriver au sommet de la tour Eiffel ? a demandé John.

— Non et on s'en fiche, a répondu Sarah.

— 1665 marches ! a dit John. Et est-ce que vous savez combien de personnes visitent chaque année ce monument ?

— Non, et on s'en fiche aussi, a dit Sarah.

— Sept millions de visiteurs par an. C'est fou, non ? »

Nous avons marché dans les rues de Paris à moitié éveillés et à moitié émerveillés. Nous sommes arrivés sur les bords de la Seine, la rivière qui traverse la ville.

Madame France a sorti une bouteille de rosé, six verres, du fromage et une baguette de pain de son sac à dos.

« Buvons un petit verre pour fêter notre arrivée à Paris !

— Bonne idée, a crié Jo-Ann.

— Mais quand avez-vous acheté tout cela ? a demandé Sarah.

— Il y a un caviste et une boulangerie juste à côté de chez nous, a répondu Madame France. C'est très pratique ! »

Nous avons bu et mangé en regardant passer les péniches et les bateaux-mouches.

Le ciel est devenu rouge, orange et rose.

« Regardez le beau coucher de soleil ! » a dit Terri.

Il était l'heure de rentrer. Par miracle, nous n'étions pas loin d'un arrêt de bus. Nous sommes montés dans le bus 69 direction Place Voltaire.

Mes paupières étaient lourdes. Je voulais dormir plus que tout au monde. Arrivée dans l'appartement, j'ai pris une douche. Je me suis mise au lit et j'ai dormi profondément.

J'ai dormi profondément jusqu'à… 1 heure du matin…

Mardi 11 juin

Ce matin nous étions tous les trois, John, Terri et moi, dans la cuisine dès six heures du matin.

« Je n'ai pas dormi de la nuit, a dit John.

— Moi non plus, j'ai dit. Je me suis réveillée à une heure du matin et ensuite impossible de fermer l'œil. J'ai essayé de compter les moutons. Rien.

— Moi, j'ai bien dormi, a dit Terri.

— C'est parce que tu es jeune, a dit John. Tu verras quand tu auras notre âge. Ce sera plus difficile de dormir.

— L'avantage de se réveiller tôt, c'est que tu as eu le temps de nous acheter des croissants. Merci, John ! »

Nous avons mangé un bon petit déjeuner français. Nous avions au choix du thé ou du café et un assortiment de viennoiseries : pains au chocolat ou croissants au beurre ou croissants ordinaires (qui, je l'ai appris plus tard, sont faits avec de la margarine et non du beurre).

John lisait le programme du jour.

« Aujourd'hui, nous allons au Musée d'Orsay. J'ai hâte de visiter ce musée.

— Le musée ouvre à neuf heures trente, a dit Terri en regardant son téléphone. Je pense que nous devons essayer d'arriver à l'ouverture. Il y a toujours beaucoup de visiteurs.

— J'ai vu Madame France ce matin en allant acheter les

croissants, a dit John. Elle nous a donné rendez-vous à neuf heures à l'arrêt du bus 69. »

A neuf heures, nous étions tous devant l'arrêt de bus. Le bus est arrivé rapidement mais malheureusement il était « plein comme un œuf « (une autre expression idiomatique que j'adore). Impossible d'y monter tous les six.

« Attendons le prochain bus, a dit Madame France. Il est seulement à deux minutes d'ici. »

En effet, le bus est arrivé très rapidement et il était beaucoup moins bondé que le précédent. Nous avons tous pu nous asseoir. La personne assise en face de moi était un jeune homme très fatigué. Sa tête était appuyée contre la vitre du bus. Ses yeux étaient fermés. Il portait un t-shirt écrit en anglais. Les mots n'avaient aucun sens. Il était marqué : Thirsty Year Monkey.

J'étais en train de déchiffrer son t-shirt quand il a ouvert les yeux soudainement. Il m'a regardée et il a éternué très bruyamment. Je l'ai regardé moi aussi surprise. Et j'ai réalisé que je ne savais pas ce que je devais dire en français dans cette situation. Heureusement, il s'est rendormi tout de suite.

En sortant du bus, j'ai demandé à Madame France :

« Que doit-on dire quand une personne éternue ?

— On dit : À vos souhaits !

— Merci. »

Nous avons passé la matinée dans le musée d'Orsay. J'ai beaucoup aimé ce musée. Premièrement parce qu'il n'est ni trop grand, ni trop petit. Juste la bonne taille comme dirait Boucle d'or. Deuxièmement parce que l'architecture du lieu est fantastique. C'était une ancienne gare qui a été inaugurée pour l'exposition universelle de 1900. Elle avait été rénovée à la fin des années 1970 début des années 80 pour devenir un musée d'art. Troisièmement parce que les tableaux, les sculptures, les meubles exposés sont merveilleux.

Après la visite, j'ai retrouvé John dans la boutique du musée.

« Quelles sont tes œuvres préférées ? a demandé John.

— J'adore les Raboteurs de parquet de Gustave Caillebotte. J'aime le réalisme et la luminosité de ce tableau. Et toi John ?

— Moi, j'aime le tableau de Gustave Courbet qui s'appelle L'origine du monde. »

Pourquoi je n'étais pas étonnée...

« Tu as raison, c'est un tableau intéressant. Mais je ne sais pas si je l'accrocherais dans mon salon... »

J'ai pensé au mouvement féministe des Guerilla Girls dont j'avais lu le slogan : Est-ce que les femmes doivent être nues pour entrer dans un musée ? Moins de 5% des artistes exposés dans les musées sont des femmes et 85% des nus sont féminins.

Et puis j'ai pensé : si le tableau représentait un sexe masculin, quel titre est-ce que je lui donnerais ? ... L'origine des problèmes ?

« Tu ne penses pas que c'est une chance de pouvoir lire en français et comprendre les titres des tableaux exposés ? m'a demandé John.

— Tu as raison. C'est une sensation extraordinaire de comprendre sans avoir à regarder dans le dictionnaire. »

John a sorti un petit carnet de sa poche.

« J'ai fait la liste de tous les titres de tableaux que j'ai compris : Le défilé d'Edgar Degas, Le vase bleu de Paul Cezanne, Pluie et soleil d'Antoine Chintreuil, Sur la plage d'Edouard Manet, Le chat blanc de Pierre Bonnard, Les toits rouges de Camille Pissarro… »

La liste était longue. J'ai voulu l'arrêter.

« Je te laisse, John, je voudrais faire le tour de la boutique. J'ai des souvenirs à acheter. »

J'ai fait plusieurs fois le tour de la boutique du musée d'Orsay et à la fin j'ai décidé d'acheter un éventail avec des coquelicots de Claude Monet. Du coin de l'œil, je voyais John lire sa liste à Jo-Ann. La pauvre ne savait pas comment s'en sortir.

Après le musée, nous avons marché dans les rues de Paris. Cela faisait du bien de prendre un peu d'air frais.

Nous avons ensuite marché le long de la Seine. C'était très beau. Sur l'eau il y avait des bateaux. Les bateaux pour touristes s'appellent des bateaux-mouches. Un nom très bizarre. Nous avons aussi vu des personnes qui vendaient des vieux livres le long de la Seine.

« On appelle ces personnes des bouquinistes », a dit Madame France.

En suivant la Seine, nous sommes arrivés dans le Quartier latin. Nous nous sommes reposés devant une grande fontaine. Il y avait un petit spectacle. Un groupe de femmes habillées en rouge dansaient sur des musiques des années 80. Nous avons ensuite marché à travers le Quartier latin.

Jo-Ann a commencé à boiter. Elle n'était pas habituée à marcher autant. Et puis, je pense qu'elle n'avait pas de chaussures adaptées. Nous sommes entrées dans une pharmacie en espérant que le pharmacien parlerait anglais, mais pas de chance.

« I don't speak English », a-t-il dit.

Jo-Ann a dû essayer d'utiliser son français. Elle a dit : « Je marche pas bien. Je marche pas bien. »

L'homme nous a regardé, étonné. Jo-Ann a commencé à boiter dans le magasin.

« Regardez ! Je marche mauvais. »

A la fin, il lui a conseillé une crème pour les pieds fatigués.

« Merci, a-t-elle dit.

— You are welcome, dear », a-t-il dit avec un accent anglais parfait.

En fin d'après-midi, nous sommes allés tout en haut de la tour Montparnasse. La tour Montparnasse est un gratte-ciel dans le sud de Paris.

C'était bizarre cette grande tour noire parmi les petits immeubles du quartier.

« Vous verrez, a dit Madame France. C'est la plus belle vue de Paris.

— Vraiment ? a dit Terri étonnée. La plus belle vue de Paris ?

— Oui, c'est la plus belle vue de Paris car c'est le seul

endroit d'où on ne voit pas la tour Montparnasse ! »

Nous avons pris l'ascenseur jusqu'au cinquante-neuvième étage. Madame France ne nous avait pas menti. La vue était magnifique. Nous sommes restés là, à regarder Paris pendant plus d'une heure : la tour Eiffel, les Invalides avec son toit doré, le Sacré Cœur, l'Arc de Triomphe… Il y avait devant nous une vue panoramique magnifique.

Et en plus, il n'y avait presque personne.

« Rien à voir avec les hordes de touristes qui envahissent la Tour Eiffel, a dit John.

— Oui, c'est pour cela que j'adore venir ici, a dit Madame France. C'est plus tranquille. »

Nous sommes rentrés rue de la Roquette fatigués mais avec des étoiles pleins les yeux. Nous avions passé une journée excellente !

Mercredi 12 juin

Cette nuit je me suis réveillée à trois heures du matin. Impossible de fermer l'œil. J'ai pensé lire mon guide touristique. J'ai pensé méditer. J'ai pensé boire une tisane. A la fin, je me suis rendormie.

J'ai rêvé que je travaillais dans une boulangerie. Je faisais des croissants toute la journée. Au début, j'étais contente et puis après quelques jours, j'en ai eu ras-le-bol des croissants.

Quand je me suis réveillée à six heures du matin, j'étais super fatiguée à cause de tous les croissants que j'avais faits.

Et quand je suis arrivée dans la cuisine, John m'a demandé :

« Tu veux un croissant ?

— Non, j'ai répondu sèchement… Excuse-moi, mais j'ai fait des croissants toute la nuit. »

Et puis pour changer de sujet, j'ai ajouté :

« John, pourquoi voulais-tu partager l'appartement avec moi ? Pour être honnête, je t'observe depuis quelques jours et je n'ai rien remarqué de bizarre. »

John est sorti de la cuisine sans un mot. Était-il vexé ? Je n'aurai pas dû lui parler comme cela.

John a fini par revenir. Je me suis excusée.

« Je suis désolée John. Cela ne me regarde pas.

— Non, je peux t'en parler. Voilà… »

John cachait quelque chose derrière son dos.

« C'est à cause de cela… »

Soudainement, il m'a mis sous le nez un truc gris sale qui dégageait une odeur épouvantable.

« Ça ? ai-je dit en montrant du doigt cette chose puante et sans forme.

— Oui, ça. Je te présente Mika. Mika, je te présente Helen. Je dors avec Mika depuis que j'ai 6 ans. C'est mon doudou. Je ne l'ai jamais lavé.

— Ça se sent…

— Je ne voulais pas en parler aux autres. J'ai peur qu'ils

se moquent de moi. »

C'est vrai que dormir avec une peluche quand on a plus de cinquante ans, ce n'est pas très sérieux.

« Et cette peluche… C'était quel animal avant ?

— Devine ! John était heureux que je m'intéresse à sa peluche.

— Je ne sais pas… Ta peluche est grise alors peut-être un éléphant ?

— Non. Bon, la couleur n'est pas trop importante. Quand ma mère me l'a offerte, elle était marron. Elle me l'a donnée car j'avais été sage chez le dentiste.

— D'accord, une peluche marron… Un ours ? Un cheval ? Un chien ?

— Non. Non et non. Tu donnes ta langue au chat ?

— Oui.

— C'est une peluche de castor.

— Une peluche de castor ? Mais pourquoi ?

— A cause des dents… Tu comprends, je revenais de chez le dentiste. »

Bizarrement, j'aurais préféré que John aime s'habiller en chien. C'était beaucoup plus amusant.

Comme la veille, nous nous sommes retrouvés devant l'arrêt de bus 69 à neuf heures du matin. Cette fois-ci nous avons eu plus de chance. Le bus était presque vide. Je me suis assise en face de deux jeunes filles.

Je leur ai dit en prenant ma place dans le bus : « Pardon Mesdemoiselles… »

Elles ont levé la tête vers moi et ont continué à parler.

J'étais très fière de moi.

J'ai essayé d'écouter et de comprendre leur conversation mais ce n'était pas facile. Des expressions revenaient souvent : c'est relou, un truc de ouf, du coup ... Beaucoup de petits mots que nous n'avons jamais appris en classe de français. Il va falloir que j'en parle à Madame France.

Nous sommes descendus au Louvre. Devant nous, il y avait la pyramide du Louvre avec sa longue queue de touristes et derrière nous, un parc.

« Voici l'entrée du musée du Louvre pour ceux qui souhaitent y aller cette semaine. Nous allons traverser ce joli parc pour visiter le musée de l'Orangerie. »

Le parc était parfait avec ses parterres de fleurs, ses fontaines, ses arbres et ses célèbres chaises vertes en métal. C'était comme être dans une carte postale.

Tous les Parisiens, enfin presque tous, étaient habillés avec raffinement : pantalons de lin pour les hommes, jupes plissées pour les femmes, foulards. Je ne pourrais pas l'expliquer, mais les Parisiens ont quelque chose de différent.

Même les chiens parisiens sont différents. Ils ne regardent personne. Ils regardent par terre, reniflent les bas de portes, font pipi sur les lampadaires et continuent leur chemin. Ils ont une attitude blasée de chiens qui ont tout vu.

Après avoir traversé le jardin des Tuileries, nous sommes arrivés au musée de l'Orangerie. Il a fallu ouvrir nos sacs avant d'entrer.

« C'est à cause du plan Vigipirate, nous a dit Madame France. Depuis les attentats, il y a plus de sécurité dans les lieux publics. »

Pour être honnête, je ne sais pas si cela sert à grand-chose. L'homme a jeté un petit coup d'œil dans mon sac, m'a signalé de passer et il s'est retourné pour continuer sa conversation sur l'équipe de France de football avec son collègue.

Quand je suis entrée dans la salle d'exposition, j'ai été submergée par une sensation de calme et de paix. Les murs étaient recouverts d'un long tableau représentant une mare recouverte de nénuphars. C'était très Zen. J'ai adoré.

Après la visite de ce musée, j'avais besoin de rester seule. Ces derniers jours, j'étais un peu anxieuse. Principalement parce que je ne savais pas si je devais chercher un autre travail à mon retour aux États-Unis.

Pour me changer les idées, j'ai décidé de prendre le métro et d'aller manger dans un petit restaurant à coté de notre appartement.

Jeudi 13 juin

Ma bouteille de shampooing s'est renversée dans ma valise. J'ai dû mal la fermer après ma douche hier soir.

« Merde ! Merde ! Et merde ! Qu'est-ce que je vais faire ? »

Heureusement, j'avais remarqué qu'il y avait une laverie automatique à côté de l'appartement.

Pour être honnête, j'avais un peu peur d'y aller mais je n'avais pas le choix. J'ai mis mes vêtements sales dans un sac en plastique et j'ai pris quelques euros.

« John et Terri, si je ne reviens pas dans deux heures, vous pouvez appeler la police ?

— Comment appelle-t-on la police ? a demandé Terri.

— Je crois que l'on fait le numéro 112 sur le téléphone.

— Bonne chance Helen ! »

Quand je suis entrée dans la laverie, il y avait un jeune homme qui attendait que ses affaires sèchent.

J'ai ouvert une machine à laver au hasard et j'y ai mis mes affaires comme une personne qui sait ce qu'elle fait. Ensuite, j'ai essayé de lire les directions écrites sur le mur mais tout était écrit en français. Pas un seul mot d'anglais !

Heureusement, j'avais ma carte de phrases utiles dans ma poche. J'ai lu la phrase utile et je suis allée voir le jeune homme. De la musique, style AC/DC, sortait de son casque.

« Est-ce que vous pouvez me montrer comment ça marche ? »

Il ne m'a pas entendu. Je lui ai touché le bras. Il a enlevé son casque.

« Est-ce que vous pouvez me montrer comment ça marche ? ai-je répété timidement.

— Bien sûr Madame, avec plaisir. »

Il a tout de suite compris que je n'étais pas Française, et il a parlé très lentement. Il a fait aussi beaucoup de gestes.

« Premièrement, vous mettez vos vêtements dans une machine à laver.

— Oui.

— Deuxièmement, vous fermez la machine à laver.

— C'est fait.

— Troisièmement, il faut entrer le numéro de la machine ici. Dans quelle machine sont vos vêtements ?

— Dans quelle machine sont vos vêtements ? ... Dans quelle machine sont vos vêtements ? ...J'ai répété cette question deux fois et j'ai compris ! Mes vêtements sont dans la machine numéro onze.

— Alors, vous tapez le numéro onze ici. Et enfin, vous payez quatre euros. »

J'ai mis mes quatre euros et j'ai entendu la machine démarrer. Victoire !!

Le jeune homme est retourné à sa musique. Dix minutes plus tard, il est parti avec ses vêtements propres et secs.

Et moi, j'ai attendu seule dans la laverie. J'ai trouvé un vieux journal. J'ai essayé de le lire mais c'était trop difficile. Heureusement, il y avait une section pour les enfants. Dans cette section, il y avait des mots croisés.

Horizontal

3. Une habitation, un logement pour y vivre
4. On le mange avec du pain et du beurre
5. Une personne sans cheveux
6. Article défini masculin
9. Un fruit de couleur jaune

Vertical

1. Une odeur agréable
2. Un ustensile de table pour piquer les aliments
4. La couleur de la fraise
7. Article défini féminin
8. Se déplacer dans l'eau

Un homme plus âgé est entré dans la laverie. Il a mis ses vêtements dans une machine à laver. Mais il n'a pas pu fermer la machine. Peut-être que cette machine était cassée.

Je l'ai entendu dire : « shit, shit, shit. »

« Vous parlez anglais ? lui ai-je demandé.

— Oui, je m'appelle Doug et je suis américain, a-t-il dit. Mais j'habite maintenant à Paris.

— Vous habitez à Paris ? C'est extraordinaire !

— J'habitais à Seattle. J'ai vendu ma maison et j'ai déménagé en France.

— C'est merveilleux. J'aimerais faire la même chose un jour. Vous êtes très courageux. »

Mes vêtements étaient maintenant secs. C'était un peu bizarre de plier mes culottes devant un inconnu.

« Est-ce que c'est difficile de vivre à Paris ?

— Non, je ne pense pas. Les Parisiens sont très gentils avec moi.

— Comment passez-vous vos journées ? lui ai-je demandé.

— Tous les matins, je vais dans une école pour apprendre le français. Les après-midis, je visite Paris. Je suis très content ici.

— Je suis un peu jalouse. »

C'était l'heure pour moi de rentrer avant que John et Terri appellent la police.

« Au revoir Doug.

— Au revoir. Voici ma carte. Si un jour vous venez vivre à Paris, appelez-moi. Je vous montrerai la ville.

— D'accord ! C'est promis. »

Je suis sortie de la laverie avec mes vêtements propres et secs. J'étais très fière. Je me suis sentie un peu Parisienne !

L'après-midi, nous avions visité le musée Jacquemart-André sur le boulevard Haussmann. C'était la grande maison d'une famille très riche des années 1800. Nous sommes passés de pièce en pièce en écoutant notre guide audio.

Je n'ai pas beaucoup de choses à dire sur ce musée sauf qu'il y avait en sortant un café sensationnel. Et, j'ai étudié le menu pendant de longues minutes, bien plus longtemps que les tableaux du musée.

Nous avons commandé des coupes glacées.

John et Terri ont choisi un Chocolat Liégeois (glace chocolat, glace vanille, sauce chocolat, chantilly). Madame France et Sarah ont pris une Pêche Melba (glace vanille, pêche, coulis de fraise, chantilly, amandes). Et Jo-Ann et moi, nous avons commandé une Poire Belle-Hélène (glace vanille, poire, sauce chocolat, chantilly). C'était délicieux !

Après le musée, nous sommes allés dans une boulangerie acheter un grand pain de campagne pour le diner. Ensuite, nous sommes passés chez le caviste. Nous avons acheté deux bouteilles de vin rouge : un Gigondas des Côtes-du-Rhône et un Chinon de la vallée de la Loire.

Puis, nous sommes allés dans une fromagerie. Le fromager était très sympathique. Il nous a composé un plateau de fromages idéal avec des fromages de brebis (une tranche de Roquefort, une tranche d'Etorki, un morceau de Brin d'amour), des fromages de chèvres (un crottin de Chavignol, deux Picodons) et des fromages au lait de vache (une tranche de Cantal, un Reblochon, un Saint-Marcellin et une boulette d'Avesne.)

Nous sommes revenus à la maison et nous avons dîner tous ensemble.

Pendant le dîner, John a sorti un petit papier de sa poche.

« J'ai trouvé ce papier par terre aujourd'hui. »

Trouver votre nom de danseur ou danseuse de French Cancan.

79

1- Prendre la première lettre de votre prénom :

A Plume (f)	N Gâteau (m)
B Nuage (m)	O Camembert (m)
C Ananas (m)	P Etoile (f)
D Sucre (m)	Q Soleil (m)
E Masque (m)	R Tournesol (m)
F Bonbon (m)	S Fraise (f)
G Chéri (m)	T Fourmi (f)
H Crêpe (f)	U Papillon (m)
I Princesse (f)	V Arc-en-ciel (m)
J Baiser (m)	W Champagne (m)
K Panda (m)	X Bulle (f)
L Chocolat (m)	Y Boa (m)
M Nuit (f)	Z Croissant (m)

(f) pour un nom féminin, (m) pour un nom masculin

2- Prendre la première lettre de votre nom de famille

A Tendre	E Timide
B Calme	F Érotique
C Dynamique	G Rapide
D Chaud(e)	H Rose

I Doué(e)

J Séduisant(e)

K Heureux(se)

L Doux (Douce)

M Gentil(le)

N Débauché(e)

O Amoureux(se)

P Divin(e)

Q Méchant(e)

R Piquant(e)

S Affectueux(se)

T Fou (Folle)

U Amusant(e)

V Sensuel(le)

W Libertin(e)

X Souple

Y Enflammé(e)

Z Rouge

« Quel est ton nom de danseur, John ?

— C'est Baiser Piquant ! Et le tien, Helen ?

— Le mien, c'est Crêpe Folle. Et toi, Terri, quel est ton nom de danseuse ?

— Le mien est Fourmi Érotique. »

C'était une soirée merveilleuse.

Du pain, du vin, du fromage et des amis ! C'était fantastique ! Je n'ai pas pensé une seconde à mon boulot aux États-Unis.

Vendredi 14 juin

Aujourd'hui, j'ai décidé d'aller à la piscine pour éliminer les calories d'hier. J'ai regardé sur internet la liste des différentes piscines à Paris. J'en ai trouvé une originale : La piscine Joséphine Baker. Cette piscine se trouve sur un bateau sur la Seine. Je suis excitée à l'idée de nager sur un bateau sur la Seine. J'ai pris mon maillot de bain et une serviette et je suis sortie de l'appartement en disant :

« Je vais nager. Je reviens dans deux heures.

— Tu vas quoi ??? a dit John.

— Je vais nager. »

La piscine se situe à côté du pont de Bercy. Une fois sortie du Métro Quai de la Gare, j'ai demandé mon chemin à une dame :

« Je cherche la piscine Joséphine Baker. »

Mais, elle a continué à marcher comme si j'étais invisible.

J'ai demandé à une autre femme :

« Je cherche la piscine Joséphine Baker. »

Mais, elle aussi a continué de marcher comme si je n'existais pas. Je commençais à perdre ma confiance même si j'avais posé ma question sans avoir regardé ma carte de phrases utiles. Est-ce que les gens ne comprenaient pas de mon français ? Est-ce qu'ils étaient trop pressés pour me parler ?

J'ai essayé une troisième fois.

« Excusez-moi Madame, je cherche la piscine Joséphine Baker ?

— Oui, c'est là-bas, m'a dit la femme en pointant du doigt un grand bateau.

— Merci beaucoup ! »

J'étais heureuse d'avoir persévéré. Maintenant, je ne pouvais plus faire marche arrière.

Est-ce que j'allais nager dans l'eau polluée de la Seine ?

Est-ce que la piscine était une piscine nudiste ? J'avais lu un jour que la communauté nudiste à Paris était très active. Est-ce que j'allais comprendre les règles des piscines françaises ? Est-ce que j'allais voir un homme célèbre français en Speedo ? J'ai imaginé un instant Gérard Depardieu en Speedo. C'était très amusant.

Quelques secondes plus tard, j'étais devant le guichet pour acheter mon billet d'entrée.

Sur le mur, il y avait une petite pancarte : Bonnet de bain obligatoire.

Merde, je n'avais pas de bonnet de bain !

Au guichet, j'ai dit : « Je n'ai pas de bonnet de bain. »

Alors sans dire un mot, l'homme m'a indiqué du doigt une machine automatique qui vendait des bonnets de bain. Miracle !

J'ai ensuite acheté mon ticket.

« C'est votre ticket d'entrée, Madame. Il faut le mettre ici et ensuite pousser le tourniquet.

— Le tourniquet ? Je n'ai pas compris. »

Devant mon air perdu, l'homme a ajouté :

« Comme dans le métro. »

Ce n'était pas plus clair. J'ai attendu que l'homme derrière moi passe et j'ai fait comme lui. J'ai mis mon ticket ici et j'ai poussé le tourniquet.

Quand j'ai relevé la tête j'ai vu trois hommes qui commençaient à enlever leurs chaussures.

« Mon Dieu, j'ai crié en fermant les yeux. Je suis chez les hommes !

— Non, non, Madame. Les vestiaires sont mixtes. Il faut juste enlever ses chaussures avant d'entrer dans les vestiaires. »

J'ai enlevé mes chaussures et je suis entrée dans les vestiaires. Dans une petite cabine, j'ai mis mon maillot de bain et mon bonnet de bain en plastique. Je me suis douchée et je suis sortie dehors pour trouver la piscine.

La piscine était assez petite mais mignonne. J'ai sauté dans l'eau et j'ai commencé à nager. C'était super de nager avec de vrais Parisiens.

Après quelques minutes, il a commencé à pleuvoir, de petites gouttes au début et puis ensuite de grosses gouttes. C'était amusant de nager avec la pluie parisienne qui tapait sur mon bonnet de bain.

Ensuite, j'ai entendu du tonnerre ! Un orage approchait.

Chez moi, aux États-Unis, quand on entend le tonnerre, il faut vite sortir de l'eau. Les maitres-nageurs sifflent jusqu'à ce que la piscine soit vide. Mais à Paris, non. Cela m'a beaucoup étonné. Tout le monde continuait à nager.

Je ne suis pas très courageuse. Au troisième coup de tonnerre, je suis rapidement sortie de l'eau.

Je me suis habillée et je suis descendue du bateau Joséphine Baker. Et grâce à cette expérience, je me suis sentie encore un peu plus parisienne.

J'ai pensé à Doug de Seattle. Comme lui, j'aimerais vivre à Paris !

Dans le métro, j'ai regardé mon téléphone portable pour savoir qui était Joséphine Baker. J'ai appris que c'était une artiste noire américaine très célèbre à Paris dans les années 1920. Après la seconde guerre mondiale, Joséphine Baker, qui avait rejoint la résistance, a reçu pour ses exploits la Croix de Guerre et la Légion d'Honneur. C'était une femme formidable et très courageuse !

Je dois lire un livre sur cette artiste. Joséphine Baker a eu une vie aussi extraordinaire que Joséphine de Beauharnais, la femme de Napoléon.

Je suis rentrée dans l'appartement fatiguée. Terri et John m'attendaient.

« Vite Helen, nous partons dans 5 minutes pour le cimetière du Père-Lachaise. »

Pour être honnête, je ne comprenais pas pourquoi nous allions visiter un cimetière quand il y avait tant d'autres choses plus amusantes à voir à Paris.

Nous avons pris le bus 61 qui nous a laissé juste à côté du cimetière.

« Helen, quelles tombes de personnes célèbres est-ce que tu veux voir ? m'a demandé John.

— Je ne sais pas… peut-être celle de Michael Jackson ?

— Mais Michael Jackson n'est pas enterré à Paris !

— Je sais. Je plaisantais. En vérité, je veux juste me promener. »

Madame France nous a proposé de nous retrouver dans une heure au portail principal du cimetière. J'ai décidé de partir seule.

Étrangement, j'ai aimé le calme de ce lieu. J'ai marché parmi les tombes. J'ai essayé d'imaginer la vie de ceux dont je lisais le nom : Louise Lenoir 1856-1873, Marcel

Laforges 1889-1914, Philippe Lapierre 1960-2012.

Certaines tombes étaient très vieilles. On ne pouvait plus rien lire dessus. La pierre était trop usée. Certaines tombes étaient énormes, de véritables monuments pour les 1 % de l'époque. Il y avait aussi des tombes très petites mais bien entretenues, et d'autres abandonnées et recouvertes d'herbes.

J'ai croisé des touristes, le nez collé à leur téléphone à la recherche de la tombe de Jim Morrison. J'ai aperçu quelques animaux : des corbeaux, quelques chats et une souris. J'ai vu la tombe de Chopin. Un jeune couple y écoutait la Sonate numéro 1 en ut mineur pour piano en regardant mélancoliquement la tombe du pianiste.

J'ai marché sans but et c'était bien. C'était une sensation étrange de se promener au milieu des tombes. Est-ce que cela m'a fait penser à ma propre mortalité ? Est-ce que je me suis dit « Helen, est-ce que tu as une vie intéressante et remplie ? » Non, je ne me suis posé aucune question. J'ai juste profité du calme de ce lieu mystérieux.

Une heure après, j'ai retrouvé le groupe devant le portail principal. John montrait la liste de tombes qu'il avait vue : Oscar Wilde, Édith Piaf, Jim Morrison, Marcel Proust, Molière, Balzac. Il avait dû faire le cimetière en courant.

« Tu as vu la tombe avec les gants blancs ? a demandé John á Terri.

— Oui, c'est la tombe de Marcel Marceau, le mime célèbre. »

Nous sommes sortis du cimetière et nous sommes allés dans un café. Nous avions tous besoin d'un petit verre. Jo-Ann et Terri ont commandé un kir. John, Madame France et Sarah ont choisi un pastis. Et moi, j'ai commandé une coupe de champagne pour célébrer la vie !

Samedi 15 juin

Cette nuit, j'ai dû bien dormir. Je n'ai pas entendu mon téléphone sonner. Patricia m'avait appelé trois fois pendant la nuit. Je me demandais si les nouvelles étaient bonnes ou mauvaises.

Je ne pouvais pas rappeler Patricia tout de suite à cause du décalage horaire. Il était minuit chez elle. Je l'appellerai plus tard dans l'après-midi.

Terri et John se préparaient à sortir.

« Helen, tu viens avec nous au marché aux puces ? a demandé Terri.

— Non. J'ai des choses à faire. Et puis je n'aime pas beaucoup les antiquités.

— Moi je les adore. J'espère trouver quelques couverts en argents et des foulards en soie. Et toi John ?

— Moi, j'espère acheter quelques vieux outils.

— Parfait ! Amusez-vous bien. »

Tout le monde est parti pour le marché aux puces de la porte de Vanves. Mais moi, j'ai décidé de ne pas y aller parce que je devais visiter le château de Joséphine de Beauharnais.

J'ai fait quelques recherches sur internet et j'ai trouvé que le château de Joséphine était dans la ville de Rueil-Malmaison, une ville à l'extérieur de Paris.

Pour y aller, je devais prendre le métro jusqu'à la station Châtelet-Les Halles, puis prendre le RER A jusqu'à La Défense et ensuite le bus 258 jusqu'au château. Un vrai challenge !

À partir du métro Voltaire, je suis allée sans trop de problème jusqu'à la station Châtelet-Les Halles. Ensuite, j'ai cherché le RER A. Ce n'était pas facile. Il y avait beaucoup de personnes partout. C'était comme une fourmilière. Mais j'ai réussi et je me suis retrouvée sur le quai du RER.

Je me suis aperçue que tout le monde regardait dans la direction d'un panneau électronique. J'ai compris après de longues minutes qu'une petite lumière s'éclairait à côté du nom d'une gare si le train s'y arrêtait.

Essayer de comprendre comment les choses fonctionnent en observant est très fatigant. Et après quinze minutes sur le quai, j'étais épuisée.

À dix heures quarante-six, je suis enfin montée dans un train qui allait à la Défense. Et à La Défense, j'ai trouvé sans trop de problème le bus 258 pour aller au Château.

J'étais la seule touriste dans ce bus. Cela m'a angoissé un peu.

J'avais lu dans un guide que le trajet en bus jusqu'au château prenait environ vingt-cinq minutes. Assise dans le bus, j'ai donc pu me détendre et observer le paysage. De part et d'autre de la route, il y avait des vieux immeubles, des restaurants du type fastfood et des magasins discounts. Le tout était assez moche. Bien sûr, tout cela n'existait pas du temps de Joséphine.

Quand l'impératrice regardait par la vitre de sa calèche, elle voyait sûrement quelques maisons et des arbres. Je me suis demandé combien de temps il avait fallu à Joséphine pour aller des Tuileries jusqu'à son château... Une journée ? Deux journées ? Avec les transports en commun moderne, il m'avait fallu environ une heure trente.

Je suis descendue à l'arrêt 'le Château', et après un petit détour malencontreux dans un parking abandonné, j'ai réussi à trouver le château de Joséphine au bout d'une rue bordée de platanes.

A la droite du château, il y avait une petite maison où j'ai acheté mon ticket d'entrée. Cette petite maison était aussi la boutique du musée. Il ne fallait pas que j'oublie la raison principale de ma visite du musée : ramener un souvenir au chien Nap O'Leon.

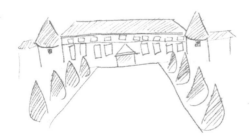

J'ai décidé de visiter le château en premier et de retourner dans la boutique pour acheter un souvenir ensuite.

« Vous voulez un audio-guide en français ou en anglais ? m'a demandé le gardien du musée.

— En français », ai-je répondu sans savoir pourquoi.

J'ai pensé un instant échanger mon audio-guide contre un audio-guide en anglais et puis je me suis souvenue que de toute façon, je n'aime pas les audio-guides. Je préfère visiter le château sans avoir l'oreille collée sur un appareil.

Dans le château, j'ai traversé quelques salons décorés de meubles en bois précieux, plusieurs salles à manger, un bureau avec une très belle bibliothèque, et une salle de musique avec une harpe et un piano. J'ai vu aussi la chambre de Napoléon et la chambre de Joséphine. Le lit de Joséphine était très luxueux avec du bois sculpté et doré à l'or fin.

Au deuxième étage, il y avait une petite exposition avec quelques objets ayant appartenus à Napoléon comme de la vaisselle, un nécessaire de toilette, une boussole, ses bottes en cuir et même sa flute à champagne.

Dans une vitrine, j'ai vu deux petits outils étranges, deux crochets en acier qui ressemblaient à des outils de chirurgien. J'ai sorti ma fiche de phrases utiles et j'ai demandé au gardien :

« Qu'est-ce que c'est ? »

Le gardien était très gentil car il a utilisé des gestes en même temps qu'il a dit :

« C'est pour mettre les bottes. On tirait dessus comme ça.

— Oh, là, là, Napoléon avait des bottes très serrées. »

A la sortie de l'exposition, il y avait un livre d'or signé par les visiteurs. J'ai lu quelques commentaires. « Belle exposition » de Paul, « J'ai beaucoup aimé » d'Agathe, « D'habitude je n'aime pas beaucoup des expositions mais j'ai aimé celle-là. » de Jean, 7 ans. Le commentaire d'Héloïse, 10 ans, m'a fait rire. Elle avait écrit : « Pourquoi est-ce que Napoléon n'a pas déménagé ?... Parce qu'il a un bon appart ! » Bon appart, Bonaparte... Très amusant !

Voilà, j'avais fait le tour du château de Joséphine. Maintenant, quel souvenir est-ce que j'allais rapporter à Nap O'Léon ?

En premier, je suis allée dans le jardin et j'ai mis quelques pierres dans mon sac. Peut-être que Joséphine les avait touchées un jour.

Ensuite, je suis entrée dans la boutique. J'ai rendu mon audio-guide en français.

« Merci, Monsieur. Les explications dans ce guide audio étaient très intéressantes. »

J'ai regardé les petits objets en vente dans la boutique. Les bougies, les boucles d'oreilles, les foulards ne convenaient pas.

J'ai décidé d'acheter un petit coussin brodé d'un J comme Joséphine.

Le petit coussin dans mon sac, je suis retournée dans le château, et plus précisément dans la chambre de Joséphine. J'avais une idée... Quand le gardien est parti vérifier une autre pièce, je me suis approché du lit de Joséphine et j'ai légèrement frotté mon coussin sur la couverture brodée. Mon cœur battait très fort.

Maintenant, il y avait l'odeur de Joséphine sur le coussin. J'avais réussi ma mission !

Arrivée dans l'appartement rue de la Roquette, tout le monde était là, de retour du marché aux puces.

John m'a montré ses achats : un vieux tournevis et un tire-bouchon en bois d'olivier pour remplacer celui confisqué à l'aéroport. Terri a acheté des couverts en argent. Jo-Ann a trouvé une chemise de nuit en soie. Madame France a déniché un vieux livre d'école datant de 1937. Sarah n'a rien acheté.

Nous avons passé le reste de l'après-midi à faire nos valises et nous sommes partis pour aller à l'hôtel près de l'aéroport.

Notre avion partait très tôt le lendemain matin. Nous étions tristes de quitter Paris. Nous aurions pu rester une ou deux semaines de plus.

Arrivée à l'hôtel, j'ai décidé qu'il était temps d'appeler Patricia pour avoir des nouvelles... Pour la deuxième fois de la journée, mon cœur battait très fort.

« Bonjour Patricia, c'est Helen.

— Oui ! Helen ! Comment allez-vous ? Comment se passent vos vacances ?

— Très bien merci. Vous avez des nouvelles ? ai-je demandé d'une voix tremblante.

— Oui... Nous avons lu le testament de ma tante hier. Elle a toujours adoré les chiens. Elle en avait dix !

— Oui... Et ?

— Bref, elle m'a laissé beaucoup d'argent pour que j'ouvre une autre boutique pour chiens.

— Vraiment ?? … Mais où ?

— J'ai bien réfléchi…Vous savez que j'ai des origines françaises… Et bien j'ai pensé que cela serait amusant d'ouvrir une boutique en France. Est-ce que vous seriez d'accord pour vous occuper d'une boutique Hot Dogs à Paris ? »

J'avais le souffle coupé.

« Ce serait magnifique, Patricia ! C'est mon rêve ! »

Deux mois plus tard, Mon chien Caramel et moi, nous déménagions à Paris.

Mais ça, c'est une autre histoire…

FIN

I would love it if you could leave a short review of my book. For an independent author like me, reviews are the main way that other readers find my books. Merci beaucoup !

2 ENGLISH TRANSLATION

Sunday, June 2nd

In seven days, I'm leaving for Paris!

I studied French for six months with Madame France. Every Monday afternoon, I went to a classroom with other students to learn French.

Of course, my French isn't perfect yet. But I learned to conjugate the verbs être (to be), avoir (to have), aller (to go) and faire (to do). I also learned to conjugate the verbs parler (to speak), chanter (to sing) and aimer (to love).

I still have so much to learn. But I like to learn French. French is fun!

In the classroom, every student wants to learn French for a different reason. Mark loves the beaches of Normandy. Terri has a French boyfriend. John's daughter lives in France and so does Sarah's. Jo-Ann likes to travel in France. Janet, who is recently divorced, wants to treat herself to a trip to France. Sandra wants to visit Bordeaux. And I want to use my brain, learn new words, and I also want to visit Paris.

I feel like I know a lot of French vocabulary words, but it's always difficult to have a simple conversation. It's very frustrating.

For example, yesterday I went to a small pastry shop in my city. The shop is called Aux Bons Gâteaux (To Good Cakes). The owner is French, so I wanted to order a lemon pie in French.

But I couldn't even say two words. I pointed to the cake and said, "That."

It was horrible. I hope to be able to say a few words in French during my trip to Paris!

To prepare for our trip to Paris, Madame France, our teacher, meets us at a café. Every day this week, we'll talk about the trip with her. I think it will be very useful for me because I'm a bit stressed.

And in fact, tonight was our first meeting. Around six forty p.m., students in my class started to arrive. First John, then Jo-Ann, followed by Terri and Sarah... And at exactly seven o'clock, we saw Madame France come in.

"Good evening everyone," said Madame France. "I'm very happy to see you and to go to Paris with you."

Sitting around the table was Terri, Sarah, Jo-Ann, John, and me.

"There will be six of us on this trip," said Madame France. "Mark and Janet aren't coming with us. They decided to go together to Normandy for the anniversary of the landings. Sandra is going to visit Bordeaux in July. She doesn't have enough money to make two trips to France this year."

Too bad, I like Sandra.

"Every night this week," continued Madame France, "at seven o'clock we'll meet in this cafe. We'll talk about how we'll organize our trip and various tips to make the trip more enjoyable for everyone."

"Good idea," said John.

"I'll give you the address of our apartments. Please write down the address in your mobile phone or on a small card. If you get lost in Paris, you can show the address to a taxi and he'll take you back to your apartment. Our apartments are at rue de la Roquette in the eleventh arrondissement."

"What's the nearest metro station?" John asked.

"The nearest metro is the Voltaire station," said Madame France. "I rented two apartments in the same building with three bedrooms each. I initially thought about booking six rooms in a hotel, but living in an apartment is much more pleasant. These are typical Parisian apartments with old wooden floors, ceiling moldings and a small fireplace in the living room. You'll love it!

I love the idea of living in a Parisian apartment. It's very fashionable. I can imagine that I'm a real Parisian!

And to start my Parisian life today, I had a glass of Côtes-du-Rhône.

"We're very lucky to have found these two apartments in the same building," said Madame France. "It's very rare. But now I have to tell you there's good and bad news about these apartments. Which do you want to know first?"

"The bad news!" we all responded together.

"The bad news is that both apartments are on the fifth floor without an elevator."

"Fifth floor without an elevator," shouted Sarah, "that's inhumane!"

"That explains why Parisians have such beautiful legs," said John. "In France, you enter on the ground floor and go up to the first floor. So to get to our place, we'll have to go up five floors and not four like in the United States."

John, otherwise known as Mr. Know-It-All, started to get on my nerves. But I didn't say anything, and I drank half of my glass of Côtes-du-Rhône.

"And the good news?" Terri asked.

"The good news is that there is a superb view of the rooftops of Paris!"

"But we're going to be too tired to enjoy it," joked Sarah.

"In Paris, we walk a lot," said Madame France. "So, you have to train before you leave. Every day this week you have to walk in your neighborhood! Okay?"

Shit! I didn't know that to visit Paris, I needed to train for it!

"In France, I want you to speak French as much as possible," said Madame France.

"But it's very difficult," said Sarah. "The French speak very fast."

"And what's more," I added, "when I have to speak French to someone, I stress and forget everything. I forget how to ask questions. I forget even simple sentences like I would like a lemon pie, please."

Madame France looked me in the eye.

"Helen, I recommend that you write on a small card some useful phrases in French. You'll be able to read this card before entering a shop or restaurant. Then you'll see, you won't need this card anymore."

"That's a good idea!"

"All right, maybe tonight you can all work on your phrases. See you tomorrow at seven o'clock for our second little trip preparation meeting."

In the evening, I worked on my card.

Translate the following sentences into French:

1- I would like this cake, please.
Je voudrais ce gâteau, s'il vous plaît.

2- How do you say 'my dog' in French?
Comment on dit 'mon chien' en français ?

3- How much are these shoes?
Combien coûtent ces chaussures ?

4- Where is the subway?
Où se trouve le métro ?

5- I would like to ticket to the Orsay Museum.
Je voudrais un billet au musée d'Orsay.

6- I just started learning French. Can you speak slower?
Je commence à apprendre le français. Pouvez-vous parler plus lentement ?

7- What is this?
Qu'est-ce que c'est ?

8- Can you show me how it works?
Pouvez-vous me montrer comment ça fonctionne ?

9- Can I try it?
Je peux l'essayer ?

10- Do you speak English?
Parlez-vous anglais ?

Monday, June 3rd

This morning, I searched online for things to take on a trip to Paris.

Here's the list:

- A scarf or a shawl: the French love scarves. It's crazy!
- A good pair of shoes. Everyone agrees on this point. In Paris, people walk a lot.
- An adapter for my electrical devices like my cell phone or my hair dryer.
- A travel wallet to hide my passport and my money.
- A small umbrella. The weather in June changes a lot. It can be nice, but it can also rain.

I'm not working today, so I went to a store to buy a new pair of shoes.

"Hello Madam, can I help you?" asked the salesclerk.

"Yes thanks. I would like good shoes because I'll be walking a lot."

"Hiking in national parks?"

"Not really. I'm going to Paris."

"Walking in Paris is harder than walking in the Grand Canyon! For the streets of Paris, I recommend these shoes. They have a thick sole. They are very comfortable but they also have style."

"It's important to have style! I don't want to look like those Americans with their sneakers and white socks."

"We sell these shoes in brown and black."

"Perfect! I'll buy a pair in black."

Back at home, I checked the expiration date of my passport for the fourth time. And I bought online a plug adapter to connect my phone and my hair dryer at the same time.

Then I took a nap.

After my nap, I walked my dog Caramel. We took a

longer walk than usual. I trained for my trek in the streets of Paris.

In the evening, I had another meeting with my group of French students. The cafe where we meet is very nice. It's called Chez Nous. There's a bar and a large room decorated with posters of Parisian cabarets like the Moulin Rouge. All the tables are covered with a red and white checkered tablecloth. I ordered a glass of Burgundy wine and went to sit with the group. Everyone was already there.

"Hello Helen!"

"Hello everyone!"

Madame France distributed a sheet of paper to each.

"Here's the program for our week in Paris."

Sunday, June 9th
Departure - meet at the airport at 6 pm with your valid passport

Monday, June 10th
Arrive at the Paris airport at 8 a.m.
Visit our apartment and the neighborhood
Visit Paris by bus
Aperitif on the banks of the Seine

Tuesday, June 11th
The Orsay Museum
Montparnasse tower: a view of Paris

Wednesday, June 12th
The Orangerie Museum
Afternoon free

Thursday, June 13th
Morning free
Visit the Jacquemart-André Museum
Cheese tasting

Friday, June 14th
Free morning
Visit the Père Lachaise cemetery

Saturday, June 15th
The Porte de Vanves Flea Market
Leave around five p.m. for the Charles de Gaulle
Airport Hotel

Sunday June 16th
Our flight leaves at ten a.m.

This week in Paris is going to be fantastic!
Madame France began to read.

"Sunday, June 9, we meet at the airport at 6 p.m. sharp.
Boarding starts at 7:38 p.m. and take-off is scheduled for
8:15 p.m. Of course, before departure, make sure your
passport is valid and put it next to your suitcase, so you
don't forget it. Speaking of suitcases, try bringing a small
suitcase. Don't forget that the apartment is on the fifth
floor without an elevator!"

"I'd like to take a backpack. Is that possible?" John
asked.

"Yes John, it's possible but remember that we are going
to Paris and not camping," said Sarah smiling.

John shrugged. Madame France continued.

"Speaking of suitcases. If you usually take medication,
put a little in the bag and a little in your purse or with you.

You never know."

"Good idea," Terri said. "I take medication for blood pressure."

"Me too, for cholesterol," said Sarah.

"Me too, for diabetes," said Jo-Ann.

"Me too, for allergies," said John.

Shit, I'm going to travel with a group of sick people!

"I know a joke, do you want to hear it?" said John.

"Yes of course," replied Madame France.

"A patient asks his doctor: 'Doctor, how can I live longer?' The doctor replies, 'You have to give up alcohol, cigarettes and sugar.' The patient says, 'If I stop alcohol, cigarettes and sugar, will I live longer?' And the doctor answers, 'No, but life will seem very long.'"

We laughed a lot. It's a good joke.

"We arrive on Monday, June 10th in Paris," said Madame France. "The airport is called Roissy Charles de Gaulle. At the airport, we'll take a train that will take us to the center of Paris. Then we'll take the metro to the Voltaire station. Our apartments are a 5-minute walk from the metro station. After climbing five flights of stairs without an elevator, we'll settle into our rooms. Then we'll have lunch in a restaurant next to the apartment."

I can't wait to get to my Paris apartment. I don't like to fly. When I'm on a plane, I'm a little scared so I drink wine and watch silly movies.

"After lunch, we'll walk in the neighborhood," added Madame France. "Then we'll take a bus that will take us directly to the foot of the Eiffel Tower. And on the way back, we'll have an aperitif while watching the Seine. There you have it. Well, it's seven forty-five, I have to leave a little early today because I have an appointment at the hairdresser. See you tomorrow!"

"Goodbye, Madame France."

Tuesday, June 4th

I've been working in a dog boutique since January. The store is called **Hot Dogs**. We sell everything for dogs: food, clothes, toys ...

This morning, when I opened the store, Mrs. Wilson and her little white poodle Snowy were waiting for me on the sidewalk.

"Hello, Mrs. Wilson and good morning, Snowy. How are you today?"

"We're doing very good. And you?"

"I'm very well, thank you. What would you like?"

"I'd like to buy a little t-shirt for Snowy."

"We have some very pretty ones. Look at that one. It just arrived. I received it this morning. There is a small American flag on it. It's almost the fourth of July. It'll be perfect."

"You're right. I'll take it."

I love working in this store. First, because I love dogs. Second, because I meet very nice people like Mrs. Wilson. And third, because I can speak French with dogs. Dogs love it when I speak French.

At home, I also speak French with my dog Caramel. I train him in French and in English. I want to give him what I never had: a bilingual education. He already understands some orders: sit, stay, heel, fetch, drop it. I think he's very good at languages. Perhaps he's even more talented than me ...

A little after eleven o'clock, a very elegant lady and her pitbull dog entered the shop.

"Hello ma'am, what's your dog's name?"

"His name is O'Léon."

"That's a very cute name. What can I do for you?"

"Well, I have something a little strange to ask you."

"Please go on ..."

"I don't know where to start ..."

The lady was really uncomfortable. To encourage her, I repeated "Please go on, ma'am."

"Very well then. You see, my dog is causing a lot of problems at home. He rips the sofa cushions. He eats books. He makes holes all over the yard."

"Could your dog need more physical activity?"

"No, I think my dog is acting up because he's angry. I think my dog is the reincarnation of a famous man who was often angry."

This was the first time I've heard a story like that.

"What famous man?"

"Well, that's why I'm in your store. One of your customers told me that you speak French..."

"I speak a bit of French."

"She also told me that you're leaving for France."

"That's true. I'm leaving on Sunday."

"Good. The thing is, I need you because I think my dog is the reincarnation of Napoleon."

"Napoleon? The Emperor Napoleon?"

"Yes!"

"But how can you say that?"

The lady stroked her dog's head. He was sitting next to her and seemed to be listening to the conversation.

"There are many clues. Nap O'Léon, my dog, was born on the day of Napoleon's death, May 5th. His favorite dish is Marengo chicken. Just like the emperor. Like Napoleon, my dog eats very fast. In less than 4 minutes, his bowl is empty. Also, O'Leon hates my husband. He eats all his shoes. And my husband is English!"

I thought this list could apply to many dogs.

"One day," she says, "I was watching a documentary about gardens in France. O'Léon let out a bloodcurdling howl. It was horrible. I stopped the video to see if my dog had his tail stuck somewhere. But no, nothing. I then restarted the documentary. He started screaming again. I turned off the television. He stopped screaming. And that's when I understood ..."

"What did you understand?"

"In the documentary, they talked about the gardens of the Malmaison Castle, the castle of Josephine, the wife of Napoleon! O'Leon had recognized the castle of his beloved wife."

This woman was crazy!

"But what can I do for you?"

"Well, I know you're going to France soon. It would be very nice for O'Leon if you could bring back a little souvenir of Josephine's Castle."

I watched O'Léon. He was wagging his tail now.

"Listen, I don't know if I have time..."

"Please... It's very important. If I don't find a solution, my husband will ask me to get rid of my dog. My husband is fed up with having to buy new shoes."

She looked at me with so much sadness in her eyes that I said, "Okay, I'll try. I can't promise you anything. I don't think that visiting Josephine's castle is in my itinerary, but I'll try to go there."

The lady took me in her arms.

"Thank you, thank you, thank you."

And O'Leon licked my hand, a sort of kiss on the hand like a real gentleman.

They left the store together. Was it this lady who was crazy or was it me? I had just agreed to bring back a souvenir from the Malmaison Castle for a woman who thought that her dog was Napoleon...

I didn't have time to think about what had happened. The door of the shop opened suddenly.

"It's horrible!"

It was Mrs. Patricia Rousseau, the owner of the Hot Dogs boutique. Her last name, Rousseau, is French and she loves France.

I was very surprised to see her because she never came to the store.

"It's horrible!" she repeated.

"What's going on?" I asked, panicked.

"My aunt is dead!"

"I'm sorry. Please accept my condolences..."

"My aunt was always very kind to me."

"It's really very sad."

"She was ninety-six."

"Ninety-six?"

"Yes, ninety-six. She gave me the money to open this shop. She loved dogs."

"That's so nice!"

"My aunt was very rich."

Madame Rousseau blew noisily in her silk scarf.

"Now that she's dead, I'm afraid I have to give the money back to her children. If I have to pay back the money, we'll have to close the Hot Dogs shop."

After saying this disturbing sentence, Madame Rousseau left, saying to me, "Farewell my friend!"

This was a serious situation.

This morning I had met Napoleon and now I was in danger of losing my job! What a morning!

Fortunately, the rest of the day was quieter, and I was able to work on my French. I studied numbers. I still have difficulties with numbers in French.

Write these numbers in French:

16 = seize
33 = trente-trois
71 = soixante et onze
86 = quatre-vingt-six
95 = quatre-vingt-quinze
109 = cent neuf
1945 = mille neuf cent quarante-cinq
2022 = deux mille vingt-deux
371 = trois cent soixante et onze
118 = cent dix-huit

At six thirty, I closed the shop. And I left for my travel meeting. The cafe was almost empty except for our small group of travelers. I was happy to see all my friends.

"Hello, Helen!"

"Hello, everyone!"

Madame France was holding a travel guide.

"I recommend that you read this book. It contains a lot of interesting information about Paris. This guide will give you ideas for organizing your free time."

"Me," I said, "I already know that I'll go visit the Malmaison Castle!"

"But why?" John asked.

"I'll tell you later, it's a long story..."

Madame France continued.

"Let's get back to our sheep... Yesterday we talked about Sunday and Monday. So let's talk about Tuesday, June 11th. In the morning we'll go to the Orsay museum. The museum opens at 9:30 a.m. It's open every day except Monday. After visiting the museum, we'll walk to the Latin Quarter and we'll take the bus thirty-eight to go from Place Saint-Michel to the Luxembourg Gardens. We'll eat there. Then, after a stroll in the park, we'll walk to the Montparnasse Tower for a little surprise. Then back to the apartment to rest. Those who want to can keep exploring Paris..."

I think that I'll go back to the apartment and put my feet in warm water.

John raised his hand.

"Madame France, you said 'let's get back to our sheep.' What does that mean?"

"Good question, John," said Madame France. "It means let's get back to the subject. It's an idiomatic expression."

Find the right explanation of these French idiomatic expressions:

1- être rusé comme un renard	b- to be sly as a fox
2- avoir une faim de loup	c- to be very hungry
3- être bavard comme une pie	h- to be talkative
4- être fort comme un bœuf	e- to be strong as an ox
5- être fier comme un coq	g- to be very proud
6- un mouton à cinq pattes	f- something very difficult to find
7- poser un lapin à quelqu'un	d- to stand someone up
8- un temps de chien	a- bad weather

Wednesday, June 5th

This morning it was hard to get up. I didn't want to go to work. I wanted to stay under the covers.

Yesterday was a hard day. I first had as clients a lady and her dog O'Leon, the reincarnation of Napoleon. And I promised to bring them back a souvenir from the Chateau of Josephine de Beauharnais, the Empress from 1804 to 1810. Why didn't I say that it wasn't possible? My week in Paris was already busy.

Then I was anxious because Ms. Rousseau had announced yesterday the possible closure of the Hot Dogs store.

When I'm stressed like this morning, I take my meditation book in French. This is a book that a friend gave me four years ago. Under the covers, with a small flashlight, I slowly read this text:

We'll breathe together three times. Breathe in... breathe out. Breathe in... breathe out. Breathe in... breathe out. One last time, breathe in... breathe out.

Now close your eyes. We'll do a relaxation of the body from head to toe. You'll relax all the muscles of your head, neck, shoulders, your arm muscles... Relax the muscles of your hands, your stomach, your back, your legs, your right leg, your left leg and your feet.

Now, let's start the meditation. To meditate, you need to focus on breathing. I'm breathing ... I know I'm breathing. When we have a thought, then we become aware of this thought. We stop and return to the focal

---

point: breathing. I breathe in, I know that I breathe in. I breathe out, I know that I breathe out.

We'll meditate together for two minutes. Your eyes are closed. Your hands are placed on your thighs.

I breathe in, I know that ... I breathe in. I breathe out, I know ... I breathe out.

It is normal to have thoughts. If a thought arrives, I stop and slowly return to my point of concentration: my breathing. I breathe in, I know that I breathe in. I breathe out, I know that I breathe out.

We meditated together for a few moments, now you can gently open your eyes and slowly move your body.

Thank you for meditating with me.

(Audio in French: FranceDubinAuthor.podbean.com)

I love to meditate when I'm stressed.

When I opened the shop this morning, I felt better. I made coffee and waited for the customers and their dogs while dreaming about my trip. In the morning, I sold a bag of food for small dogs, flea shampoo, an indestructible toy and a tube of bacon-flavored toothpaste.

Jean-Pierre entered the shop around eleven thirty.

"Hello Helen, how are you?"

"I'm very well, thank you. I can't wait to go to Paris."

"Where will you live in Paris?"

"I don't remember the name of the street but it's in the eleventh arrondissement."

"Great, I love that area of Paris. You won't be far from the Marais district. You must go there. You must absolutely see the Place des Vosges. This is my favorite place in Paris."

"Duly noted," I said. "Do you want to buy something

today?"

"Yes, do you have any new dog collars?"

"Yes, follow me."

I now knew Jean-Pierre's eccentric habits. Jean-Pierre likes to act like a dog with his friends from time to time. He barks, eats in a metal bowl or walks around with a collar and a leash. I imagine he also likes to pee against a wall or a tree, but that's already very French.

"Is it for you or for a present?"

"No, it's for me. I'm invited to a party on Saturday and I'd like a collar to match my underpants."

"Look, we got new ostrich-leather collars. They're adorable. We have them in all colors. Plus, they sparkle at night with these small bulbs all around."

"They are very beautiful. How much do they cost?"

"They cost thirty-six dollars each."

"It's a bit pricey but when you love something, money is no object. I'll take one in green and one in brown."

"Perfect. The total is seventy-two dollars without the tax. In Texas, the tax is 6.25%... Pardon me, Jean-Pierre, but I'm studying numbers in French right now. It's good for me to say all these numbers. Are you in a hurry?"

"No, I'm not in a hurry. Take your time."

"Thanks, that's nice of you."

"You know," added Jean-Pierre, "in France the tax is included in the price. So the prices that we see in the shops are prices with tax included. It's easier..."

"That's true. But 'let's get back to our sheep'... I like this expression. I learned it yesterday... The tax is 6.25%. So the total cost of these two necklaces is $76.50."

"It costs an arm, but I'll take them."

"Does 'It costs an arm' mean 'it's expensive'?"

"Yes, like 'It costs the skin of the buttocks.'"

"You're right, it costs an arm and a leg, but you'll be

the trendiest one at the party."

All day I waited for news from Madame Rousseau, the owner of the Hot Dogs boutique. But nothing. Silence. I didn't have any news.

However, Mrs. Wilson came in. Mrs. Wilson is a very kind old lady. Usually, she's very calm but today she was panicked.

"I lost Snowy! I lost Snowy!"

"Have a seat," I told her, giving her a chair. "Tell me everything!"

Mrs. Wilson was crying now.

"This morning, I went shopping with Snowy. I left my little dog in the car for five minutes. When I came back, the door of the car was open and Snowy was gone."

"Someone may have found him. Did Snowy have her address on her collar?"

Mrs. Wilson cried harder.

"No, this morning I gave her a bath and I took off her collar. She wasn't quite dry when we left to go shopping. To not be cold, I put the nice t-shirt on her that I bought here Saturday ... It was the first time she wore this T-shirt. She looked so pretty."

Mrs. Wilson was still crying, even harder. Poor Mrs. Wilson.

"Come on, Mrs. Wilson, don't lose hope."

"My poor little dog Snowy ... Alone in the streets with the cars..."

"I'll make small posters to find Snowy. Can you give me a photo of Snowy for the poster?"

"Yes. You're very nice."

Mrs. Wilson opened her handbag and took out a small photo album full of Snowy photos: Snowy at the sea, Snowy in the mountains, Snowy in the city, Snowy in the country, Snowy sleeping, Snowy eating...

I immediately got to work. I turned on my computer and started writing:

Lost Small Dog

Snowy, little white female poodle, 6 months old, lost since June 5th. She disappeared in the Target parking lot. Help us find Snowy!
Please contact 777-328-1612 if you have any information.

Mrs. Wilson left with about twenty small posters.

"Thank you again, I'll put them up around the neighborhood."

"And I'm going to put one on the shop door. Good luck, Mrs. Wilson."

"Thank you, Helen."

Around 4 p.m., I called Ms. Wilson for news. But nothing! Mrs. Wilson hadn't received a single phone call.

"I'm desperate! My poor little Snowy. I'll never see her again!"

"Don't say that, Mrs. Wilson. We must never lose hope."

At half past six, I closed the store. I was happy to go to my travel meeting and to think about other things.

"Hello, everyone!"

"Hello, Helen!"

"How are you?"

"So-so! I had a day full of emotions."

"Well," said John, "forget your worries. We'll talk about our trip to Paris."

Madame France hadn't arrived yet.

"We should find a name for our group of travelers," said Sarah. "It would be fun."

"Good idea," Terri said.

"What do you think about 'student travelers'?" Sarah asked.

"It's not bad," answered John. "And 'American travelers'?"

"Or how about AA, 'American Adventurers'?" Jo-Ann said. "Is that too much like Alcoholics Anonymous?"

"Yeah, a little ... but I love it," said Sarah.

Madame France arrived. And after saying "hello, everyone," she gave us two sheets.

"Here is the menu of a Parisian restaurant. I thought it would be interesting to read it together."

The Pig's Foot

Appetizers
Shredded carrots
Rabbit pâté
Six snails
A dozen oysters

Main Dishes
<u>Meat</u>
Pot roast with bone marrow
Steak tartare with ratatouille
Pork ribs with peas
<u>Fish and seafood</u>
Scallops
Shrimp with potatoes
Mussels and French fries

Cheese
Cheese platter
Dessert
Chocolate mousse
Tarte Tatin
Crème brûlée
Three scoops of ice cream
Tip Included

We read and translated the menu together. Jo-Ann shrieked at the idea of eating rabbit pâté. Terri turned pale at the thought of eating raw beef. Sarah was upset at eating live oysters.

"You put a little vinegar on the oyster and you can see it move," said Madame France.

"That's disgusting," shouted Sarah.

"Yes, that's gross," said Jo-Ann. "The poor animals!"

"No," added Madame France. "It's important to eat an oyster live so you know it's fresh."

"I want to try eating oysters," said John, "but no way will I eat snails."

"But," said Madame France angrily, "snails are very good to eat... especially with parsley and garlic."

"...and a lot of butter," Terri added.

Madame France had begun to dream.

"As soon as it rains in my village in France, I go hunting for snails in Burgundy. We have to be careful, because snail hunting is strictly regulated. We can't take Burgundy snails from April 1st to June 30th because it's breeding season."

The subject fascinated her.

"Burgundy snails, also called Helix pomatia, can only be taken if the shell is larger than 4 centimeters in diameter."

"4 centimeters in diameter is about... 1.5748 inches," John said, looking at his cell phone.

"I usually pick up two or three dozen snails. Then I put them in a net and I leave them in their net for 10 days without eating anything."

"Without eating!" cried Jo-Ann. "The poor animals!"

"Yes, it's to be sure that they have empty intestines. Then, to prepare them, it's easy, we wash them and put them in boiling water..."

Terri was now turning green.

"Can we talk about something else? I don't feel so good."

"Of course, Terri. I'm sorry. I could talk for hours about preparing snails."

We studied the menu for almost an hour. I learned a lot of things. For example, I don't have to leave more money (a tip) for the server. The service is included in the prices shown on the menu.

The last section on desserts was torture. All the desserts, chocolate mousse, crème brûlée, seemed so delicious.

I went home and I devoured ... a salad. I'm paying attention to what I eat before leaving for Paris, because when I'm in Paris, I'm going to eat whatever I want. All you can eat!!

Thursday, June 6th

That night, I slept badly. I had a nightmare. I dreamed that I was walking on the Champs-Elysées and that everyone was watching me. I quickly realized that I wasn't wearing clothes. I was stark naked (literally "naked as a worm").

What's more, in my dream, I had a tattoo. At the top of my right leg, there was a heart and the words *To John for life.*

It was horrible. What a nightmare. Then...

Then ... I woke up because my phone rang. And it was John!

"Hello, Helen!"

It was very strange to hear his voice...

"Helen?"

"Yes..."

"Forgive me for calling you so early. I have a favor to ask you."

While John was talking to me, I quickly looked at the top of my leg. Phew! Relief! There was no tattoo.

"You know we are going to live in an apartment in Paris."

"Yes, I know."

"I would like to know if you would share an apartment with me?"

"Yes, sure, but why?"

"I'll tell you later. It's a little tricky..."

John hung up the phone suddenly.

What can his problem be? Does he snore a lot and I'm going to hear him through the walls of his room? Does he have a problem swallowing air and he's always farting? Does he like to walk naked in his apartment while cooking? Is his fantasy to drink from women's shoes scented by a day's walk in the streets of Paris? ...

I looked at my alarm clock. It was 7:15 a.m. Shit! I have

to get ready if I don't want to be late for work.

I jumped out of bed. I ran into the bathroom.

I washed up. I dried off. I combed my hair. I got dressed and put on my makeup.

I then ran into the kitchen. I made coffee and a sandwich with jam. I finished my breakfast in ten minutes.

I brushed my teeth and went to work.

I arrived just on time. I opened the shop at 8 o'clock sharp.

The phone rang.

"Hot Dogs Shop, Hello!"

"Helen?"

"Oh, hello, Mrs. Wilson. Did you find Snowy?"

"No. I haven't heard anything. I didn't sleep last night. It's over. I'll never see my beautiful little dog Snowy again."

I didn't know what to say to Mrs. Wilson to console her.

I looked up because a person just came into the shop.

I rubbed my eyes. The woman who had just entered the shop was holding a little white poodle in her arms. The little dog was wearing a t-shirt. The little poodle looked a lot like Snowy.

"Helen?" said Mrs. Wilson.

I didn't want to give false hope to Mrs. Wilson so I said, "I have to help a client. I'll call you back in five minutes, Mrs. Wilson!"

The woman was about thirty years old. She was wearing a red dress with a blue belt. With the white dog in her arms, it was like a French flag coming into the shop.

"Hello," she said, "I found this little dog next to my house last night around midnight. Do you know the owner of this little doggie?"

"Yes, definitely, I know her. It's Mrs. Wilson. She'll be

so happy."

I took Snowy in my arms to see if she was hurt. She was fine. She licked my cheek as if to say hello.

"Would you let me call Mrs. Wilson to tell her that her dog has been found?"

"Yes, of course."

"She will be so happy!"

I immediately called Mrs. Wilson's phone number.

"Hello, it's Helen. I have great news for you. Snowy has been found! She's here in the store. She's waiting for you."

"I can't believe it. I'll be right there."

Ms. Wilson arrived two minutes later. She took her little dog in her arms. She was so happy. She repeated several times, "I can't believe it! I can't believe it!"

Then we asked the other woman why she had come to the shop. On the posters I made for Mrs. Wilson, there was only a phone number.

"I didn't see any posters," said the woman.

"Really? So, why did you come to this store?" I asked.

"I came to this store," said the woman, "because the little dog was wearing a brand new T-shirt and it still had the Hot Dogs label hanging on it."

"What luck!!" I exclaimed.

Mrs. Wilson took down the woman's address. I think she'll give her a nice gift to thank her. And then everyone left.

I was alone in the shop for a while. I took advantage of these moments of solitude to study my French. I read my restaurant vocabulary cards.

Translate all these words into English:

19. Un serveur : A server
20. Une serveuse : A waitress
21. Les légumes : Vegetables

22. Le plat du jour : The daily special
23. Une assiette propre : A clean plate
24. Une serviette de table : A napkin
25. Un verre : A glass
26. Une autre fourchette : Another fork
27. L'addition, s'il vous plaît : The check, please
28. Je voudrais la même chose : I would like the same thing
29. Je voudrais autre chose : I would like something else
30. C'est pour moi ! : That's for me!
31. Excusez-moi, j'ai fait tomber le vase : I'm sorry, I knocked over the vase
32. Où se trouvent les toilettes ? : Where's the bathroom?
33. Je voudrais des glaçons, s'il vous plaît : I would like some ice cubes, please
34. Je vais prendre le menu dégustation : I will take the tasting menu
35. J'ai très faim : I am very hungry
36. J'ai trop bu et trop mangé : I drank too much and ate too much

The afternoon was pretty quiet in the shop. I sold three dog collars, a box of poop bags (to pick up droppings during walks), a brush for short hair, a brush for long hair and a nail clipper.

I closed the shop at six thirty-five and went to the AA American Adventurers meeting.

"Hello, everyone!"

"Hello, Helen."

"Helen, get your drink," said Madame France, "we're starting."

Today was a good day: Snowy was home! To celebrate,

I ordered champagne. The waiter served me champagne in a coupe and not in a champagne flute. It was a bit odd now that I know the story of the champagne coupe.

I came back to sit with my fellow travelers.

"How are you?" John asked me.

"Very well and you?"

I couldn't stop thinking about what John had told me on the phone this morning. What problem could he have? I watched him out of the corner of my eye.

Did he like to dress as a woman in the privacy of his apartment? Did he like to knit and he felt ashamed? Did he like to eat rotten fruit? I had heard once that it was a widespread practice. Did he have a weird phobia, like fear of red socks, fear of green plants...

Madame France stopped my daydreaming. She gave us each a map of the Paris metro.

"During the week, we'll take public transportation: the train, the bus and the metro. We'll buy a transport card for the whole week. This card will allow you to travel in Paris but also in the suburbs."

We all looked at the subway map. The teacher explained that these maps are free. If you lose it, you have to ask for another one in a metro station.

"Look at the map and find the Voltaire station. This is the closest station to our apartment."

Even before I had time to open the map, John shouted, "I found it! It's the number 9 line between Saint Ambroise station and Charonne station."

"Perfect! Now who can find Charles de Gaulle airport on the map?" said Madame France.

John shouted, "I found it! It's at the top right on the map."

"Damn it, John!" said Sarah, "give us a little time."

"Yes, that's right," Jo-Ann said angrily. "I'm fed up!"

Madame France continued.

"Charles de Gaulle airport isn't on a metro line but on the RER line B. RER means: Regional Express Network. It's a bit like an express subway that also goes to the suburbs. Who can find... the Versailles Château RER station?"

John was upset so he kept quiet. Sarah, Jo-Ann and I searched for 10 minutes before finding it. I was ready to throw in the towel when Jo-Ann said, "I found it. It's at the bottom left of the map."

"Exactly," said Madame France who was getting impatient. "To go to Versailles Palace, you need to take the RER C."

"Do we take the RER to go to Reims?"

"Do you want to go to Reims, Sarah?"

"I love champagne. I would like to visit a champagne winery."

"Very good," said Madame France. "So to go past the suburbs, to go farther, like to the city of Reims, we use another type of train. This is the SNCF network. SNCF stands for National Society of French Railways. To go to Lyon, Marseilles, Bordeaux, Nice and Giverny, we use SNCF trains."

"Okay, I understand," said Sarah. "And do I take the train at the Gare de Lyon?"

"No, look again at the Paris Metro map. You'll find 6 different train stations: Gare de Lyon, Gare de l'Est, Gare du Nord, Gare Saint-Lazare, Gare d'Austerlitz and Gare Montparnasse."

"Six stations!" said John, "I didn't know that!!"

"Six stations within the city (inside Paris) but there are also two other train stations just outside Paris. One is called Paris-Marne-la-Vallée to go for example to Disneyland Paris and the other is called Paris-Roissy

Charles de Gaulle Airport."

"Eight stations!" said John. "I really didn't know that!"

Sarah, Jo-Ann, Terri and I looked at each other out of the corner of our eyes. Hallelujah! It was the first time John had said the phrase 'I didn't know!' And he said it twice. Proverb of the day: good things come to those who wait.

"So," Madame France restarted, "depending on the destination, you take the train at the Gare de Lyon station, or the Gare Montparnasse station, or the Gare du Nord station..."

"So, to go to Reims?"

"To go to Reims, take the train from Gare de l'Est. To go to London, take the train at the Gare du Nord. To go to Bordeaux, take the train at Montparnasse station. To go to Giverny, to see Monet's house, you take the train at the Saint-Lazare station. To go to Toulouse you take the train from Gare de Lyon."

All this talk of trains gave me a headache. I finished my glass of champagne and walked home.

Friday, June 7th

The departure is approaching and I must get organized. Today I made a list of all the things I had to do before leaving.

Find the right translation for this list:

1- Faire ma valise	G- Pack my bag
2- Faire la valise de mon chien	H- Pack my dog's bag

3- Arroser les plantes vertes	D- Water the plants
4- Nettoyer mon appartement	E - Clean my apartment
5- Vider le réfrigérateur	Empty the refrigerator
6- Changer les draps du lit	C- Change the bedsheets
7- Passer l'aspirateur	I- Vacuum the floor
8- Vider les poubelles	A- Empty the trash
9- Vérifier la validité de mon passeport	B- Check my passport

I was ready for one last day of work.

This morning, I had breakfast. I ate a big bowl of cereal with organic strawberries and some almond milk. I drank two glasses of iced green tea. Glass (verre) and green (vert). It's funny. These words have the same sound.

The words green (vert) and glass (verre) made me think of an exercise we did in class with Madame France. You had to choose the right homonym and finish the sentences.

vert (green)/ verre (glass)/ vers (toward) / ver (worm)

Je vais <u>vers</u> la gare Saint-Lazare. Tu viens avec moi ?
I'm going to the Gare Saint-Lazare. Are you coming with me?

Tu veux du vin dans ton <u>verre</u> ?

Do you want wine in your glass?

Il y a un <u>ver</u> dans ma pomme.
There's a worm in my apple.

On met du citron <u>vert</u> dans une Margarita.
You put lime in a Margarita.

foie (liver)/ foi (faith)/ fois (times)

Tu vas deux <u>fois</u> par semaine faire du tennis.
You go twice a week to play tennis.

Est-ce que tu aimes le <u>foie</u> gras ?
Do you like foie gras?

Il a la <u>foi</u>. Il va à l'église tous les dimanches.
He's religious. He goes to church every Sunday.

cent (hundred, one hundred)/ sans (without)/ sang (blood)

Ma voisine a de la chance. Elle a trouvé <u>cent</u> dollars par terre.
My neighbor is lucky. She found a hundred dollars on the ground.

Il y a du <u>sang</u> sur ton menton. Tu t'es coupé ?
There's blood on your chin. Did you cut yourself?

<u>Sans</u> voiture, je ne peux pas partir en vacances.
Without a car, I can't go on vacation.

mettre (to place, to set)/ maître (master) / mètre (meter)

Je mesure un <u>mètre</u> et 54 centimètres.
I'm one meter and 54 centimeters tall (five feet and one inch).

Je vais <u>mettre</u> la table. Les invités vont bientôt arriver.
I'm going to set the table. The guests will arrive soon.

Le <u>maître</u> d'école est très occupé.
The elementary school teacher (schoolmaster) is very busy.

cou (neck)/ coût (price)/ coup (the word coup has many meanings)

J'ai eu un <u>coup</u> de cœur pour cette robe. Et je l'ai achetée.
I fell in love with that dress. And I bought it.

J'ai mal au <u>cou</u>. J'ai besoin d'un massage.
My neck hurts. I need a massage.

C'est un <u>coût</u> trop élevé.
It's too costly.

I left for work at 9 o'clock. At 9:15, a young couple came into the store. They looked at all the shelves in the store and then they came to me.
"Hi, can I help you?"
"Yes, we just got married."
"Congratulations!"
"Thank you! We're not ready to have a child. But we want to adopt a dog."
"That's a good idea. Having a dog is a fantastic adventure."
"Yes, we think so too."

"Unfortunately, at Hot Dogs, we don't have dogs. We only sell food, clothes and toys, but not dogs."

"In fact, we came to the shop for advice. Which breed should we adopt? A Labrador? A basset? A German Shepherd? A boxer? A pug? A greyhound?"

I went to get a brochure.

"I don't know ... Maybe you could read this text. This is a list of questions to ask when choosing a dog."

1. Do you live in a house or an apartment?
2. Do you live in town or in the countryside?
3. Do you like small, medium or large dogs?
4. Do you want to play sports with your dog?
5. Are you a homebody and prefer to stay at home?
6. Do you have children?
7. Do you want the dog to guard the house?
8. Do you like to train dogs?
9. Do you have time to take care of the grooming?
10. Do you want to win competitions with your dog?
11. What is the monthly budget you expect to spend on your dog?
12. What should be its main quality? Intelligence, being affectionate or calm?
13. How many hours will your dog stay alone at home?

"This brochure is very interesting, thank you! It'll help us a lot."

"You're welcome. When you've finished, look on the back of the document, there's the list of perfect dogs for you."

"Thanks again!" they said together.

"And don't forget, there are many abandoned dogs in our city."

"We agree with you. We want to adopt an abandoned dog."

"Then I recommend the site www.petfinder.com. On the site you'll find many dogs. It's the site where I found the love of my life: my dog Caramel."

"Thanks again. You helped us a lot."

"Sure, my pleasure ... And when you are the happy owners of a dog, come back to the shop to buy him his bed and his collar."

"Of course! See you soon!"

And they left hand in hand.

The afternoon was quieter. Mrs. Wilson came by with Snowy. She brought me some chocolate macarons to thank me for my help. They were delicious!

Jean-Pierre also stopped by to wish me "bon voyage."

"I wanted to see you before you left," he told me. "Enjoy Paris!"

"Thank you. That's very nice of you."

"You'll see, the city is superb. You'll love it!"

And just before the store closed, John came through the door.

"Hello, Helen!"

It was the first time I'd seen him in the Hot Dogs store. I was a little surprised. Did he come to tell me about his problem?

"Hello John, how are you?"

"I'm very well, thank you. And you?"

"Very well, thank you. You need something?"

"Yes, before leaving, I would like to buy a dog collar."

"What size?"

"I would like to buy a very large collar."

"A large collar??"

Shit! John was like Jean-Pierre. He also liked to dress like a dog! I had read an article about this movement. Behaving like a dog allowed modern men to escape from their responsibilities for a few hours a week. It was a growing movement.

I winked and smiled at John.

I asked him to follow me to the aisle with dog collars. I showed him the one that Jean-Pierre had bought this week.

"Do you like to wear dog collars, John?"

"What?? What are you talking about??"

"You know... you can tell me everything. Is this big collar for you?"

"No, not at all. It's for my old dog Max."

Shit! I had said something very foolish. John must have found me a little weird. He left the store quickly.

It was now 6:30 p.m. and I was officially on vacation.

Madame Rousseau, the store owner, would take care of the store while I was gone. I crossed my fingers because she wasn't very organized. We had to expect a few minor problems.

But the big problem was mostly: would the Hot Dogs shop still be there when I got back from France?

Saturday, June 8th

Today, my vacation starts!

And tomorrow, I'm going to Paris!

I'll spend seven days in the capital of France with my French teacher and some students. I'm very happy.

Today, I'm very busy. I feel like a headless chicken. I'm running everywhere.

I cleaned my apartment. I checked the expiration date

of my passport four times. I also gave the keys to my apartment to my neighbor. She'll come water my plants every three days.

And I packed my suitcase. I put in several things.

Find the right translation:

1-Deux pantalons	E- Two pairs of pants
2- Une chemise de nuit	H- A night gown
3- Six paires de chaussettes	B- Six pairs of socks
4- Sept t-shirts	G- Seven t-shirts
5- Deux pulls	F- Two sweaters
6- Une robe de soirée (on ne sait jamais)	D- A fancy dress (you never know)
7- Huit culottes	A-Eight pairs of underwear
8- Un maillot de bain	C- A swimsuit

I also put a toiletries kit in my suitcase containing a toothbrush, floss, toothpaste, a day cream, a night cream, lipstick, four shampoo samples, a small bottle of disinfectant gel, tweezers, nail clippers and a box of bandages.

I also packed a bag to take on the plane with me. I put

in a sleep mask, a scarf, a book (I bought a book on the life of Josephine and Napoleon), a small tube of moisturizer and disinfectant wipes. I think that I thought of everything.

I also packed Caramel's bag. He was going to stay at my friend Candace's while I was away. In his suitcase, I put

- his bed
- a bag of dry food
- his favorite toy: a plastic bone
- a tennis ball
- a leash to go outside
- one of my old sweaters so that he'll still smell my scent even when I'm not there
- small bags to pick up poop during walks

About four o'clock I took Caramel to Candace's house. I installed Caramel's bed in the living room next to the fireplace. I laid out his toy, my old sweater and the tennis ball next to his bed. I put the bag of food in the kitchen cupboard. When everything was over, Candace and I drank a glass of champagne.

"To celebrate your departure," said Candace.

"Long live champagne and long live Paris!" I said, raising my glass.

Candace had made little sandwiches. On each sandwich was planted a French flag. It was very cute.

"I hope you'll write about everything you do in Paris," said Candace.

"Maybe not everything", I said, "but I'm going to write about interesting events and then maybe I'll do a book later."

"I can't wait to read what you write."

After hugging Candace and Caramel, I went home.

My apartment was too empty without my dog. I realized how important Caramel was to me. Without him, my life was less fun.

Sunday, June 9th

I have to be at the airport no later than 4 p.m. My plane takes off at six o'clock.

I didn't sleep well last night. I don't like flying very much. I don't know why. They say it's the safest form of transportation. They say it's safer than the elevator, but I prefer to take the elevator!

I had a nightmare last night. I was in the streets of Paris. I was walking alone. I went into a bakery to buy a croissant. I used my French to speak with the baker, but she didn't understand me. I repeated several times, "I would like a croissant, please." But nothing. She didn't understand me. I came out of the bakery very frustrated and without a croissant. Shit!

My phone rang at nine o'clock.

"Helen, I can't remember the alarm code from the shop. Can you give it to me?"

It was Madame Rousseau, the owner of Hot Dogs.

"The code is 24601."

"Fantastic. Thank you! Have a good trip, Helen!"

"Madame Rousseau?..."

"Yes?..."

"Do you have any news about your aunt?"

"My aunt? But she died last week."

"Yes, I know... But you told me about a loan... And maybe having to close the boutique."

"No, I don't have any news yet. But I will soon. I have an appointment next Friday for the reading of the will. I'll call you as soon as I know more. Goodbye."

"Goodbye, Madame Rousseau!"

"Helen? One last question ... What's the code to start the computer?"

I spent a good part of the day doing housekeeping (faire le ménage). I thought of the term "ménage à trois" (a three-way). But today I'm doing a "ménage à une." There's no doubt, "ménage à une" is less fun.

I spent a lot of time cleaning my apartment. I washed the tiles in the kitchen. I emptied my refrigerator of all the food that could spoil when I'm gone. I vacuumed my room and the living room. The carpet was very dirty with Caramel's hair. I thought of the expression that Madame France had taught us: to be as dirty as a comb. After the carpet, I vacuumed the hallway. I cleaned the kitchen sink and the bathroom sink with white vinegar and baking soda.

I try not to use too many chemicals. I use only natural products and "elbow grease."

At three o'clock everything was ready. The apartment was very clean. I grabbed my little suitcase. I checked one last time that everything was off or shut: lights, faucets, windows ... I also checked that my passport was in my belt wallet around my waist. I locked my door. And I knocked on my neighbor's door.

"Hello, Helen! So, your big trip starts today?"

"Yes. Here are my keys. Thanks again for agreeing to water my plants."

"No problem."

"It's very nice that you're willing! I'm leaving now for the airport..."

"Good luck. I hope your trip will be uneventful. A friend of mine recently took a plane trip. He told me it was the worst experience of his life. First, he was sitting between two babies who cried during the whole trip. Then the man in front of him took off his shoes and a horrible smell filled the plane. Afterwards, there was massive turbulence ..."

Shit, I couldn't stay another minute to listen to this scenario worthy of the film "Airplane."

"Okay! Thank you. I have to go now. I don't want to be late..."

But she kept going.

"And then, a passenger got sick. He vomited everywhere..."

I started to take a few steps towards the exit.

"Goodbye. I have to go now. Goodbye..."

I arrived at the airport just in time. Our little group was almost complete. The only one missing was Madame France.

Jo-Ann and Sarah both wore jogging pants. They were likely seasoned travelers and knew the importance of choosing comfortable clothes. As for John, he was wearing trousers with dozens of pockets on the sides. He looked like an explorer.

"Hey, John! Are you going on a safari?" Sarah said to him.

"Very funny, Sarah."

Terri was accompanied by her French boyfriend. I heard them talking to each other tenderly:

"Baby, have a good vacation."

"My darling, I'll be thinking of you."

"My little flea, it's a shame that I can't come with you."

"My rabbit, you have too much work. I understand."

"My sunbeam, have fun."

"And you my heart, don't work too much."

"I love you, my doe!"

"I love you too, my chicky baby!"

And Madame France still wasn't there!

For a few minutes, I panicked at the idea that she wasn't coming. I imagined her stuck in the elevator of her building. I imagined her on the road with a flat tire. I imagined her in the hospital due to acute appendicitis. And just when I imagined her dead lying on her death bed, I heard:

"Hello, I'm here... Were you scared?"

"Not at all," I replied with a forced smile.

Going through security was no problem... No problem, except for John. He had to empty all the pockets of his pants. In one pocket, there was a can opener. In a second pocket, there was a screwdriver. In a third pocket, there was a kit to repair glasses. In a fourth pocket, there was a corkscrew...

All the objects he had brought were banned in the cabin. He had to abandon them all. Poor John!

The only things he could keep were small packets of ketchup. Did John think that they don't have ketchup in Paris?

At five thirty we were all on the plane to Paris!

At six fifteen, the plane was taking off.

At seven o'clock I drank my first glass of champagne...

I could see from my seat, 34D, all the people in my group.

John in 11F fell asleep right away. He didn't even eat the "good" meal offered by the airline.

Madame France, in 14D, devoured her meal. I also saw her asking for more bread.

Terri, in 25B, watched a sad movie. I saw her wipe her eyes a few times.

Jo-Ann, in 25A, looked hatefully at her neighbor, who coughed without putting her hand in front of her mouth.

Sarah, in 27C, was reading a tour guide on the south of

France.

And I was looking out the window. I couldn't wait to see the Eiffel Tower!

Monday, June 10th

And at nine forty in the morning, we landed in Paris. Yippee!

I was very happy to be able to walk on land. We passed through customs without any problems. We picked up our luggage and followed the signs for Roissy Charles de Gaulle station.

In the station, we bought our transportation ticket, valid for one week. The lady at the counter was very nice. Then we boarded the train to Paris.

On the RER train, no one was talking. We were all looking out the window at this country that was going to welcome us for a week.

At first, I must say that the landscape was not very pretty. There were a lot of grey buildings. We passed by a large stadium called the Stade de France.

On the train, there were more and more passengers. We had to squeeze our bags between our legs. Many people were going to work in Paris. The atmosphere on the train was gloomy. People were looking at their phones or sleeping. We were packed like sardines (an idiomatic expression I love).

After maybe forty minutes, we entered a tunnel. Madame France signaled to us that we had to get off at the next stop: Gare du Nord.

Getting off the train was a little stressful because there were a lot of people. We had to push while saying "Excuse me! Excuse me!" It wasn't easy with our suitcases.

"Now we have to find the metro," said Madame France.

We were very tired. We walked through the subway corridors pulling our suitcases. The smells of the subway were not very pleasant. It didn't smell like Chanel No. 5.

Finally, after almost an hour and a half on public transportation, we got out of the subway and there was... happiness! We were in Paris, in our neighborhood. In front of us was a small square with a bakery, a cheese shop and two or three cafés. Perfect!

We walked to our building on rue de la Roquette. Madame France entered the code 4224 to open the big wooden door.

"Courage, my friends," said Madame France. "A little more effort."

We climbed the 5 floors in silence. On the fifth floor, on the landing, there were two doors, door A and door B. The doors of our two apartments!

Madame France took a small envelope out of her pocket.

"In the envelope, there are papers with the letters A and B written on them. You're going to randomly draw a paper. People with the letter A will go to apartment A. People with the letter B go in apartment B."

It seemed to me that John wanted to say something. But before he could say anything, the drawing began.

"I got the letter A," said Terri.

"Me, the letter B," said Jo-Ann.

"Me too, B," said Sarah.

"I have the letter A," John said.

After thinking about it for several minutes, with my jet lag not helping me, I thought: there are two papers left in the envelope: one paper with the letter A and another with the letter B.

So, according to my calculations, I had the same chance of sharing an apartment with John and Terri as I did with Jo-Ann and Sarah. On the other hand, I had a 0% chance of sharing the apartment with Madame France.

I put my hand in the envelope and pulled out... the letter A.

We opened both doors. Madame France, Jo-Ann and Sarah disappeared into apartment B. And John, Terri and I entered apartment A.

Behind the front door, there was a pretty living room with wooden floors and a crystal chandelier, a modern kitchen, a bathroom with a large shower and three bright bedrooms.

"Where is the toilet?" John asked.

"Here," Terri replied.

Seeing that, I was a little disappointed. The toilet was at the end of the hall, with no windows and especially no sink!

"I don't want to sound like a snob," said Terri, "but how do the French wash their hands?"

"I think they wash their hands in the bathroom sink," John suggested.

"But it doesn't make sense, the bathroom is at the other end of the hall!"

"So maybe they don't wash their hands after using the toilet."

Terri and I looked into each other's eyes.

"I," John said to change the subject, "no longer call the toilet 'the John.' I call it the Jim. That way I can say, "I went to the Jim this morning!"

After this information that made us smile, we chose our rooms. Mine was blue. There was a double bed, an antique wardrobe and a small desk with a chair.

I opened the window. The view of the grey roofs of

Paris was fantastic. I realized at that moment how lucky I was.

Someone knocked on the front door. John went to open the door.

"Do you like your Parisian apartment?" asked Madame France.

"We love it!" Terri and John answered in chorus.

"We'll go out soon! Today will be a hard day because of the time difference. You have to move, get outside and above all, don't take a nap."

A little later, we were all outside, ready to start the adventure.

"The apartment is next to Place Voltaire. That's where we got out of the metro earlier," said Madame France, pointing to the metro entrance. "And right here, there's a bus stop. We're going to take the 69 bus."

"It's an easy number to remember," said John.

Madame France continued:

"Bus 69 crosses Paris. You'll see, you'll love it."

The bus arrived a few minutes later. We said "hello" to the driver. We validated our ticket and sat by a window to be able to look at the streets of Paris.

I thought about the question Terri asked Madame France during our last class: what surprised you the most when you came to live in the United States?

If I were asked the same question about Paris, I would say the large number of motorcycles and vespas on the streets, the number of people who smoke and the large buses that pass through the small streets, almost touching the walls.

Madame France was right, we crossed Paris with the 69 bus, from east to west. We saw the Place de la Bastille, the town hall of Paris, the Tuileries garden, the Louvre Museum, the Orsay museum and the last stop, the Eiffel

Tower.

At the end of the line, when I saw the Eiffel Tower, I thought, Helen, you're very lucky!

"Do you know how many steps it takes to get to the top of the Eiffel Tower?"

"No, and we don't care," Sarah replied.

"1665 steps!" said John. "And do you know how many people visit this monument each year?"

"No, and we still don't care," said Sarah.

"Seven million visitors per year. Isn't that crazy?"

We walked through the streets of Paris half awake and half amazed. We arrived on the banks of the Seine, the river that runs through the city.

Madame France took a bottle of rosé, six glasses, cheese and a baguette of bread out of her backpack.

"Let's have a little drink to celebrate our arrival in Paris!"

"Good idea," shouted Jo-Ann.

"But when did you buy all this?"

"There's a wine shop and a bakery right next to us," replied Madame France. "It's very convenient!"

We drank and ate while watching the barges and tourist boats pass by.

The sky turned red, orange and pink.

"Look at the beautiful sunset!" said Terri.

It was time to go home. Miraculously, we were not far from a bus stop. We boarded the 69 bus towards Place Voltaire.

My eyelids were heavy. I wanted to sleep more than anything in the world. When I got back to the apartment, I took a shower. I went to bed and slept soundly.

I slept soundly until... 1:00 in the morning...

Tuesday, June 11th

This morning the three of us, John, Terri and I, were in the kitchen at six in the morning.

"I didn't sleep at all last night," said John.

"Me neither," I said. "I woke up at one in the morning and then couldn't sleep a wink. I tried counting sheep. Nope."

"I slept well," said Terri.

"It's because you're young," said John. "You'll see when you're our age. It'll be harder to sleep."

"The advantage of waking up early is that you had time to buy us croissants. Thank you, John!"

We had a good French breakfast. We had a choice of tea or coffee and an assortment of pastries: pain au chocolat or butter croissants or ordinary croissants (which, as I learned later, are made with margarine and not butter).

John was reading today's program.

"Today, we go to the Musée d'Orsay. I'm looking forward to visiting this museum."

"The museum opens at nine thirty," Terri said looking at her phone. "I think we should try to get there when it opens. There are always a lot of visitors."

"I saw Madame France this morning when I was going to buy the croissants," said John. "She said we'll meet at nine o'clock at the bus #69 bus stop."

At nine o'clock, we were all in front of the bus stop. The bus arrived quickly but unfortunately it was "as full as an egg" (another idiomatic expression I love). It was impossible for all six of us to get in.

"Let's wait for the next bus," said Madame France. "It's only two minutes away."

Indeed, the bus arrived very quickly, and it was much less crowded than the previous one. We were all able to sit down. The person sitting in front of me was a very tired young man. His head was leaning against the bus window. His eyes were closed. He was wearing a t-shirt written in English. The words had no meaning. It said Thirsty Year Monkey.

I was deciphering his shirt when he suddenly opened his eyes. He looked at me and sneezed very loudly. I looked at him too, surprised. And I realized that I didn't know what to say in French in this situation. Fortunately, he went back to sleep right away.

When I got off the bus, I asked Madame France: "What should we say when a person sneezes?"

"We say, À vos souhaits !"

"Thank you."

We spent the morning in the Musée d'Orsay. I really liked this museum. First, because it's neither too big nor too small. Just the right size, as Goldilocks would say. Secondly, because the architecture of the place is fantastic. It was an old train station that was inaugurated for the 1900 Universal Exhibition. It was renovated in the late 1970s and early 1980s to become an art museum. Thirdly, because the paintings, sculptures and furniture on display are wonderful.

After the visit, I met John in the museum shop.

"What are your favorite works?" asked John.

"I love Gustave Caillebotte's The Floor Scrapers. I like the realism and brightness of this painting. How about you, John?"

"I like Gustave Courbet's painting called The Origin of the World."

Why I wasn't surprised...

"You're right, it's an interesting picture. But I don't

know if I'd hang it in my living room..."

I thought of the Guerilla Girls feminist movement whose slogan I had read: Do women have to be naked to get into a museum? Less than 5% of artists exhibited in museums are women, and 85% of nudes are women.

And then I thought: if the painting represented a male sex organ, what title would I give it?... The Origin of Problems?

"Don't you think we're lucky to be able to read in French and understand the titles of the paintings on display?" asked John.

"You're right. It's an extraordinary feeling to understand without having to look in the dictionary."

John took a little notebook out of his pocket.

"I made a list of all the painting titles I understood: Edgar Degas' Parade, Paul Cezanne's Blue Vase, Antoine Chintreuil's Rain and Sun, Edouard Manet's On the Beach, Pierre Bonnard's White Cat, Camille Pissarro's Red Roofs..."

The list was long. I tried to stop him.

"I'll see you later, John, I'd like to take a look around the shop. I have souvenirs to buy."

I walked around the Orsay Museum shop several times and in the end, I decided to buy a hand fan with Claude Monet's Poppy Field. From the corner of my eye, I saw John reading his list to Jo-Ann. The poor thing didn't know how to get out of it.

After the museum, we walked through the streets of Paris. It felt good to get some fresh air.

Then we walked along the Seine. It was very beautiful. On the water there were boats. Tourist boats are called Bateaux Mouches, fly boats. A very strange name. We also saw people selling old books along the Seine.

"These people are called bouquinistes, booksellers,"

said Madame France.

Following the Seine, we came to the Latin Quarter. We rested in front of a large fountain. There was a little show. A group of women dressed in red danced to music from the 1980s. We then walked through the Latin Quarter.

Jo-Ann started limping. She wasn't used to walking that much. Besides, I think she didn't have the right shoes. We entered a pharmacy hoping that the pharmacist would speak English, but no such luck.

"I don't speak English," he said in English.

Jo-Ann had to use her French. She said:

"I walk not good. I walk not good."

The man looked at us in amazement. Jo-Ann started limping in the store.

"Look! I walk bad."

In the end, he recommended a cream for tired feet.

"Thank you," she said.

"You are welcome, dear," he said in English with a perfect English accent.

In the late afternoon, we went to the top of the Montparnasse tower. The Montparnasse tower is a skyscraper in the south of Paris.

It was weird seeing that big black tower among the small buildings in the neighborhood.

"You'll see," said Madame France. "It's the most beautiful view of Paris."

"Really?" said Terri surprised. "The most beautiful view of Paris?"

"Yes, it's the most beautiful view of Paris because it's the only place where you can't see the Montparnasse Tower!"

We took the elevator to the fifty-ninth floor. Madame France hadn't lied to us. The view was magnificent. We stayed there watching Paris for more than an hour: the

Eiffel Tower, the Invalides with its golden roof, Sacred Heart, the Arc de Triomphe... There was a magnificent panoramic view before us.

Plus, there was almost no one there.

"It's nothing like the hordes of tourists invading the Eiffel Tower," John said.

"Yes, that's why I love coming here," said Madame France. "It's quieter."

We returned to rue de la Roquette tired but with stars in our eyes. We had an excellent day!

Wednesday, June 12th

Last night I woke up at three in the morning. Couldn't get back to sleep. I thought I'd read my tourist guide. I thought I'd meditate. I thought I'd have an herbal tea. In the end, I went back to sleep.

I dreamt I was working in a bakery. I made croissants all day long. At first, I was happy and then after a few days, I was sick of croissants.

When I woke up at six in the morning, I was super tired from all the croissants I had made.

And when I came into the kitchen, John asked me, "Do you want a croissant?"

"No," I snapped... "I'm sorry, but I was making croissants all night." And then to change the subject, I added, "John, why did you want to share the apartment with me? To be honest, I've been watching you for a few days and I haven't noticed anything weird."

John left the kitchen without a word. Was he offended? I shouldn't have talked to him like that.

John finally came back. I apologized. "I'm sorry, John.

It's none of my business."

"No, I can tell you. This is why..." John was hiding something behind his back. "It's because of this...." Suddenly, he put a dirty grey thing under my nose that smelled terrible.

"That?" I said, pointing to the stinking, formless thing.

"Yes, that. This is Mika. Mika, this is Helen. I've been sleeping with Mika since I was 6 years old. It's my blankie. I've never washed it."

"Smells like it..."

"I didn't want to talk to the others about it. I'm afraid they'd make fun of me."

It's true that sleeping with a plush toy when you are over fifty years old is not very mature.

"And that stuffed toy... What animal was it before?"

"Guess!" John was happy that I was interested in his stuffed toy.

"I don't know... Your plush toy is grey, so maybe an elephant?"

"No. You know, the color doesn't really matter. When my mother gave it to me, it was brown. She gave it to me because I'd been good at the dentist."

"Okay, a brown plush toy... A bear? A horse? A dog?"

"No. Not at all. Do you give up?"

"Yes."

"It's a beaver toy."

"A beaver toy? But why?"

"Because of its teeth... You understand, I was coming back from the dentist."

Strangely enough, I wish John had liked dressing like a dog. That was much more fun.

As the day before, we found ourselves in front of bus stop 69 at nine in the morning. This time we had better luck. The bus was almost empty. I sat in front of two young girls. I told them when I took my place on the bus: "Pardon me, young ladies..." They looked up at me and kept talking. I was very proud of myself.

I tried to listen and understand their conversation, but it wasn't easy. Expressions often came up several times: c'est relou, un truc de ouf, du coup ... Many little words that we never learned in French class. I'll have to talk to Madame France about it.

We got off at the Louvre. In front of us was the pyramid of the Louvre with its long line of tourists and behind us, a park.

"This is the entrance to the Louvre Museum for those who wish to go there this week. We're going to cross this pretty park to visit the Orangerie Museum."

The park was perfect with its flower beds, fountains, trees and famous green metal chairs. It was like being in a postcard.

All Parisians, almost all of them, were elegantly dressed: linen trousers for men, pleated skirts for women, scarves. I couldn't explain it, but Parisians have something different.

Even Parisian dogs are different. They're not looking at anyone. They look down, sniff door bottoms, pee on streetlights and continue on their way. They have a jaded attitude of dogs who have seen everything.

After crossing the Tuileries garden, we arrived at the Orangery Museum. We had to open our bags before we entered.

"It's because of the Vigipirate plan," said Madame France. "Since the attacks, there's more security in public places."

To be honest, I don't know if it's worth much. The man took a quick look in my bag, waved me by and turned around to continue his conversation about the French soccer team with his colleague.

When I entered the gallery, I was overwhelmed by a feeling of calm and peace. The walls were covered with a long painting depicting a pond covered with water lilies. It was very Zen. I loved it.

After visiting this museum, I needed to be alone. These last few days, I've been a little anxious. Mainly because I didn't know if I'll have to look for another job when I go back to the United States.

To take my mind off it, I decided to take the subway and eat in a small restaurant next to our apartment.

Thursday, June 13th

My bottle of shampoo spilled in my suitcase. I must have closed it wrong after my shower last night.

"Shit! Shit! Oh, shit! What am I going to do?"

Fortunately, I noticed that there was a laundromat next to the apartment.

To be honest, I was a little afraid to go, but I had no choice. I put my dirty clothes in a plastic bag and took a few euros.

"John and Terri, if I don't come back in two hours, can you call the police?"

"How do we call the police?" asked Terri.

"I think you dial 112 on the phone."

"Good luck Helen!"

When I entered the laundromat, there was a young man waiting for his things to dry.

I opened a random washing machine and put my things in it like someone who knows what they're doing. Then I tried to read the directions written on the wall, but everything was written in French. Not a single word of English!

Fortunately, I had my card of useful phrases in my pocket. I read the useful phrase and went to see the young man. Music, sounding like AC/DC, came out of his headphones.

"Can you show me how this works?"

He didn't hear me. I touched his arm. He took off his headphones.

"Can you show me how this works?" I said timidly.

"Of course, Madam, with pleasure."

He immediately understood that I wasn't French, and he spoke very slowly. He also made many gestures.

"First, you put your clothes in a washing machine."

"Yes."

"Secondly, you close the washing machine."

"Done."

"Third, you enter the machine's number here. Which machine are your clothes in?"

Which machine are your clothes in?... Which machine are your clothes in?... I repeated this question twice and understood! "My clothes are in machine number eleven."

"So you type in the number eleven here. And finally, you pay four euros."

I put in my four euros and heard the machine start. Victory!!!

The young man went back to his music. Ten minutes later, he left with his clean and dry clothes.

And I waited alone in the laundromat. I found an old newspaper. I tried to read it, but it was too difficult. Fortunately, there was a section for children. In this section, there was a crossword puzzle.

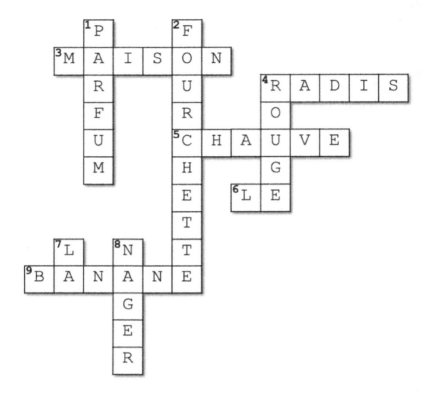

Horizontal

3. A dwelling, lodging to live in: house (maison)
4. You eat it with bread and butter: radish (radis)
5. A person without hair: bald (chauve)
6. Male definite article: the (le)
9. A yellow fruit: banana (banane)

Vertical

1. A pleasant smell: fragrance (parfum)
2. An eating utensil to prick food: fork (fourchette)
4. The color of strawberries: red (rouge)
7. Female definite article: the (la)
8. Move in the water: to swim (nager)

An older man entered the laundry room. He put his clothes in a washing machine. But he couldn't close the machine. Maybe that machine was broken.

I heard him say, "shit, shit, shit."

"Do you speak English?" I asked him.

"Yes, my name is Doug and I'm American," he said. "But now I live in Paris."

"You live in Paris? That's extraordinary!"

"I lived in Seattle. I sold my house and moved to France."

"That's wonderful. I would like to do the same thing some day. You're very brave." My clothes were dry now. It was a little weird folding my panties in front of a stranger. "Is it hard to live in Paris?"

"No, I don't think so. Parisians are very kind to me."

"How do you spend your days?" I asked him.

"Every morning, I go to a school to learn French. In the afternoons, I visit Paris. I'm very happy here."

"I'm a little jealous." It was time for me to go home before John and Terri called the police. "Goodbye, Doug."

"Goodbye. Here's my card. If you ever come to live in Paris, call me. I'll show you the city."

"All right! I promise." I left the laundry room with my clean and dry clothes. I was very proud. I felt a little Parisian!

In the afternoon, we visited the Jacquemart-André museum on boulevard Haussmann. It was the large house of a very wealthy family from the 1800s. We went from room to room, listening to our audio guide.

I don't have much to say about this museum except that there was a sensational café on the way out. And, I studied the menu for a long time, much longer than the paintings in the museum.

We ordered ice cream.

John and Terri chose a Chocolat Liégeois (chocolate ice cream, vanilla ice cream, chocolate sauce, whipped cream). Madame France and Sarah had a Peach Melba (vanilla ice cream, peach, strawberry syrup, whipped cream, almonds). And Jo-Ann and I ordered a Poire Belle-Hélène (vanilla ice cream, pear, chocolate sauce, whipped cream). It was delicious!

After the museum, we went to a bakery to buy a large country bread for dinner. Then we went to the wine store. We bought two bottles of red wine: a Gigondas from Côtes-du-Rhône and a Chinon from the Loire Valley.

Then we went to a cheese shop. The cheese seller was very friendly. He composed an ideal cheese platter for us with sheep's milk cheeses (a slice of Roquefort, a slice of Etorki, a piece of Brin d'amour), goat's milk cheeses (a crottin de Chavignol, two Picodons) and cow's milk cheeses (a slice of Cantal, a Reblochon, a Saint-Marcellin and a boulette d'Avesne.)

We came home and we all had dinner together.

During dinner, John took a little piece of paper out of his pocket. "I found this paper on the ground today."

Find your French Cancan dancer name.

Take the first letter of your first name:

A Feather	H Crepe
B Cloud	I Princess
C Pineapple	J Kiss
D Sugar	K Panda
E Mask	L Chocolate
F Candy	M Night
G Dear	N Cake

O Camembert
P Star
Q Sun
R Sunflower
S Strawberry
T Ant

U Butterfly
V Rainbow
W Champagne
X Bubble
Y Boa
Z Croissant

Take the first letter of your last name:

A Tender
B Calm
C Dynamic
D Warm
E Shy
F Erotic
G Fast
H Pink
I Gifted
J Seductive
K Happy
L Soft
M Nice

N Lecherous
O Loving
P Divine
Q Naughty
R Spicy
S Affectionate
T Crazy
U Fun
V Sensual
W Libertine
X Flexible
Y Burning
Z Red

"What's your dancer name, John?"

"It's Spicy Kiss! And yours, Helen?"

"Mine is Crazy Crepe. And you, Terri, what's your dancer name?"

"Mine is Erotic Ant."

It was a marvelous evening. Bread, wine, cheese and friends! It was fantastic! I didn't think of my job in the US for even a second.

Friday, June 14th

Today I decided to go to the pool to get rid of yesterday's calories. I looked online at the list of the various swimming pools in Paris. I found a unique one: the Josephine Baker pool. This swimming pool is located on a boat on the Seine river. I'm excited about swimming on a boat on the Seine. I took my bathing suit and a towel and left the apartment saying "I'm going swimming. I'll be back in two hours."

"You're going what??" said John.

"I'm going swimming."

The swimming pool is located next to the Bercy bridge. Once I got out of the Quai de la Gare Metro station, I asked a lady for directions. "I'm looking for the Josephine Baker pool." But she kept walking like I was invisible. I asked another woman: "I'm looking for the Josephine Baker pool." But she too kept walking as if I didn't exist. I was beginning to lose confidence, even though I had asked my question without looking at my useful phrase card. Didn't people understand my French? Were they in too much of a hurry to talk to me?

I tried a third time. "Excuse me, ma'am, I'm looking for the Josephine Baker pool?"

"Yes, it's over there," the woman told me, pointing to a big boat.

"Thank you very much!" I was happy to have persevered. Now I couldn't turn back.

Was I going to swim in the polluted water of the Seine? Was the pool a nudist pool? I had read one day that the nudist community in Paris was very active. Was I going to understand the rules of French swimming pools? Would I see a famous Frenchman in a Speedo? I imagined for a moment Gérard Depardieu in a Speedo. It was very funny.

A few seconds later, I was in front of the ticket window to buy my entrance ticket.

On the wall, there was a small sign: Bathing cap required.

Shit, I didn't have a bathing cap!

At the counter, I said, "I don't have a bathing cap."

So without saying a word, the man pointed to a vending machine that sold bathing caps. A miracle!

Then I bought my ticket.

"It's your ticket, ma'am. You have to put it here and then push the turnstile."

The turnstile? I didn't understand.

Seeing how lost I look, the man added, "Like in the subway."

It wasn't any clearer. I waited for the man behind me to go through, and I did what he did. I put my ticket here and pushed the turnstile.

When I looked up, I saw three men starting to take their shoes off.

"Oh, my God," I screamed and closed my eyes. "I'm in the men's room!"

"No, ma'am. The locker rooms are mixed. You just have to take off your shoes before you go into the locker room."

I took my shoes off and walked into the locker room. In a small enclosed stall, I put on my swimsuit and my plastic swim cap. I showered and went outside to find the pool.

The pool was quite small but cute. I jumped into the water and started swimming. It was great to swim with real Parisians.

After a few minutes, it started raining, small drops at

first and then large drops. It was fun to swim with the Parisian rain hitting my swim cap.

Then I heard thunder! A storm was approaching.

In my country, the United States, when you hear thunder, you have to get out of the water quickly. The lifeguards blow a whistle until the pool is empty. But in Paris, no. I was very surprised by this. Everyone kept swimming.

I'm not very brave. At the third thunderclap, I quickly got out of the water.

I got dressed and got off the Josephine Baker boat. And thanks to this experience, I felt even more Parisian.

I was thinking about Doug from Seattle. Like him, I would like to live in Paris!

In the subway, I checked my cell phone to find out who Josephine Baker was. I learned that she was a very famous black American artist in Paris in the 1920s. After the Second World War, Josephine Baker, who had joined the resistance, was awarded the Croix de Guerre and the Legion of Honor for her achievements. She was a wonderful and very brave woman!

I have to read a book about this artist. Josephine Baker had a life as extraordinary as Josephine de Beauharnais, Napoleon's wife.

I walked into the apartment tired. Terri and John were waiting for me.

"Quickly Helen, we leave in 5 minutes for the Père-Lachaise cemetery."

To be honest, I didn't understand why we were going to visit a cemetery when there were so many other more fun things to see in Paris.

We took the bus 61 which dropped us right next to the cemetery.

"Helen, what famous people's tombs do you want to

see?" asked John.

"I don't know... maybe Michael Jackson's?"

"But Michael Jackson isn't buried in Paris!"

"I know. I know. I was just kidding. Actually, I just want to take a walk."

Madame France suggested that we meet in an hour at the main gate of the cemetery. I decided to go alone. Strangely, I liked how calm this place was. I walked among the graves. I tried to imagine the lives of those whose names I read: Louise Lenoir 1856-1873, Marcel Laforges 1889-1914, Philippe Lapierre 1960-2012.

Some of the graves were very old. You couldn't read anything on them anymore. The stone was too worn. Some tombs were huge, real monuments for the 1% of their time. There were also very small but well-maintained tombs, and others abandoned and covered with grass.

I met tourists with their noses glued to their phones looking for Jim Morrison's grave. I saw animals: crows, some cats and a mouse. I saw Chopin's grave. A young couple listened to the Sonata No. 1 in C minor for piano as they looked sadly at the pianist's grave.

I walked aimlessly and it was good. It was a strange feeling to walk among the graves. Did it remind me of my own mortality? Did I think, "Helen, do you have an interesting and full life?" No, I didn't ask myself any questions. I just enjoyed the calm of this mysterious place.

An hour later, I found the group in front of the main gate. John showed the list of graves he had seen: Oscar Wilde, Edith Piaf, Jim Morrison, Marcel Proust, Molière, Balzac. He must have been running through the cemetery.

"Did you see the grave with the white gloves?" John asked Terri.

"Yes, it's the grave of Marcel Marceau, the famous mime."

We left the cemetery and went to a café. We all needed a little drink. Jo-Ann and Terri ordered a kir. John, Madame France and Sarah chose pastis. As for me, I ordered a glass of champagne to celebrate life!

Saturday June 15th

Last night, I must have slept well. I didn't hear my phone ring. Patricia had called me three times that night. I was wondering if the news was good or bad.

I couldn't call Patricia back right away because of the time difference. It was midnight where she lived. I'll call her later in the afternoon.

Terri and John were getting ready to go out.

"Helen, are you coming with us to the flea market?" asked Terri.

"No. I have things to do. Besides, I don't really like antiques."

"I love them. I hope to find some silver cutlery and silk scarves. How about you, John?"

"I hope to buy some old tools."

"Perfect! Have a good time."

Everyone left for the flea market at porte de Vanves. But I decided not to go because I had to visit Josephine de Beauharnais' castle.

I did some research online and found that Josephine's castle was in the town of Rueil-Malmaison, a town outside Paris.

To get there, I had to take the metro to Châtelet-Les Halles station, then take the RER A to La Défense and then bus 258 to the castle. A real challenge!

From the Voltaire metro station, I went without too much trouble to Châtelet-Les Halles station. Then I looked for the RER A. It wasn't easy. There were a lot of people everywhere. It was like an anthill. But I succeeded and found myself on the RER platform.

I noticed that everyone was looking in the direction of an electronic panel. I understood after a long time that a small light would light up next to the name of a station if the train stopped there.

Trying to understand how things work by observing is very tiring. And after fifteen minutes on the platform, I was exhausted.

At ten forty-six, I finally got on a train going to La Défense. And in La Défense, without too much trouble I found the bus 258 to go to the castle.

I was the only tourist on that bus. It made me a little anxious.

I had read in a guide that the bus ride to the castle took about twenty-five minutes. Sitting in the bus, I was thus able to relax and observe the landscape. On either side of the road, there were old buildings, fast food restaurants and discount stores. The whole thing was rather ugly. Of course, all this didn't exist during Josephine's time.

When the empress looked through the window of her carriage, she probably saw a few houses and trees. I wondered how long it took Josephine to get from the Tuileries to her castle... A day? Two days? With modern public transportation, it took me about an hour and a half.

I got off at the Castle stop and, after an unfortunate detour in an abandoned parking lot, I managed to find Josephine's castle at the end of a street lined with plane trees.

To the right of the castle, there was a small house where I bought my entrance ticket. This small house was also the museum shop. I couldn't forget the main reason for my visit to the museum: to bring a souvenir to Nap O'Leon the dog.

I decided to visit the castle first and go back to the shop to buy a souvenir afterwards.

"You want an audio guide in French or English?" asked the museum guard.

"In French," I answered without knowing why.

I thought for a moment about exchanging my audio guide for an audio guide in English and then I remembered that anyway, I don't like audio guides. I prefer to visit the castle without having my ear glued to a device.

In the castle, I walked through several drawing rooms decorated with furniture made from precious woods, several dining rooms, an office with a very beautiful library, and a music room with a harp and a piano. I also saw Napoleon's room and Josephine's room. Josephine's bed was very luxurious with carved wood gilded in fine gold.

On the second floor, there was a small exhibit with some objects that belonged to Napoleon such as crockery, a toiletries set, a compass, his leather boots and even his champagne flute.

In a window, I saw two strange little tools, two steel hooks that looked like surgeon's tools. I pulled out my useful phrase card and asked the guard, "What's this?"

The guard was very nice because he gestured at the same time as he said, "It's for putting on boots. They pulled them on like this."

"Wow, Napoleon had very tight boots."

At the end of the exhibition, there was a guest book signed by visitors. I read a few comments. "Beautiful exhibit" by Paul, "I really loved it" by Agathe, "Usually I don't like exhibits very much, but I liked this one" by Jean, age 7. The comment by Heloise, age 10, made me laugh. She had written: "Why didn't Napoleon move?.... Because he has a good apartment (un bon appart)!" Bon appart, Bonaparte... Very funny!

So I had visited Josephine's castle. Now, what souvenir was I going to bring back to Nap O'Leon?

First, I went into the garden and put some stones in my bag. Maybe Josephine had touched them one day?

Then I entered the shop. I gave back my French audio guide.

"Thank you, sir. The explanations in this audio guide were very interesting."

I looked at the small items for sale in the shop. Candles, earrings, scarves weren't suitable.

I decided to buy a small cushion embroidered with a J like Josephine.

With the small cushion in my bag, I went back to the castle, and more precisely to Josephine's room. I had an idea... When the guard went to check another room, I approached Josephine's bed and slightly rubbed my cushion on the embroidered blanket. My heart was beating very fast.

Now there was Josephine's smell on the pillow. I had succeeded in my mission!

When I got to the apartment on rue de la Roquette, everyone was there, back from the flea market.

John showed me what he bought: an old screwdriver and an olivewood corkscrew to replace the one confiscated at the airport. Terri bought silver cutlery. Jo-Ann found a silk nightgown. Madame France discovered an old schoolbook from 1937. Sarah didn't buy anything.

We spent the rest of the afternoon packing our bags, and left to go to the hotel near the airport.

Our plane was leaving very early the next morning. We were sad to leave Paris. We could have stayed another week or two.

When I got to the hotel, I decided it was time to call Patricia to get some news... For the second time today, my heart was beating very fast.

"Hi Patricia, it's Helen."

"Yes! Helen! How are you? How is your vacation going?"

"Very well, thank you. Do you have any news?" I asked in a trembling voice.

"Yes... We read my aunt's will yesterday. She always loved dogs. She had ten!"

"Yes... And?"

"Anyway, she left me a lot of money to open another dog boutique."

"Really??? ... But where?"

"I thought about it a lot... You know I'm of French descent... Well, I thought it would be fun to open a shop in France. Would you be willing to take care of a Hot Dogs boutique in Paris?"

That took my breath away.

"That would be beautiful, Patricia! That's my dream!"

Two months later, my dog Caramel and I moved to Paris.

But that's another story...

THE END

ABOUT THE AUTHOR

France Dubin lives in Austin, Texas. She has taught French for more than ten years to students of all ages.

Every year a few of her students ask her to read Le Petit Prince by Antoine de Saint-Exupéry. To be honest, she finds this book sometimes difficult to understand.

She decided to write the story of a student learning French, a book in easy French, so that her students could read their first book by themselves or with only a little help.

And while they read, she can daydream and eat dark chocolate.

She hopes you enjoy the book, and would love to hear from her readers.

Her e-mail is francedubinauthor@gmail.com.

Printed in Great Britain
by Amazon

20230628R00103